KB047900

방송을 지배하는 거대한 힘에 맞선 311일

방송이 사라지던 날

노광준 지음

시커뮤니케이션

목차

서문　_6

황금채널 미스터리　_10
방송사 자진 폐업　_11

제보자들　_21
어떤 언론사 간부의 역사의식　_22
그게 바로 아베의 논리　_28
계속되는 정치 막말　_31
더는 못 참겠습니다　_37
노동조합　_40
결자해지　_43
편성책임자의 역할　_47
실명제보　_52
저의가 뭐냐　_57
실시간 뉴스 검색어 2위　_60
심야의 방통위 진상조사　_65
청취자들의 항의와 규탄성명　_69
보도개입의 메커니즘　_72
사과유보　_81

이사회의 반격　_83
노동조합 성명서　_84
사퇴선언　_88
사라진 대표이사 사과문　_91
인사발령　_95
역습　_100
이 기레기 같은 놈아　_105
직원 전체보다 H 한 사람을　_110

아수라 _113
대기발령 _116
오늘 해고되었습니다 _122
SNS의 나비효과 _129
실업급여 _134
재심 _136
김어준의 뉴스공장 _144
재심결과 _150

조건부 재허가 _153
늘 똑같은 의혹 _154
방송은 누구 것인가 _157
모럴해저드 _163
누가 언론을 지배하는가 _166
사유화된 방송에 미래는 없다 _172
제야의 종소리 _179

자진 폐업 _181
신뢰도 정당성도 눈 가리고 _182
태도가 곧 본질이다 _185
이사회 _187
폐업조짐 _191
자진폐업 _194
부당해고 인정 _196
위기는 기회다 _203
방송용지로 부동산업을 _205
새로운 공공라디오 _208
복직과 정리해고 _211

다시, 새로운 라디오 _216
R@dio의 미래 _217
사회적 가치경영 _221
언론사주의 철학 _223
가짜뉴스를 검증하는 언론 _225
선곡의 중요성 _229
법정 드라마 _231
지역 정보 알리미 _233
뉴욕타임스처럼 _235

방송이 사라지던 날
방송을 지배하는 거대한 힘에 맞선 311일

발행	초판 2020년 11월 24일
저자	노광준
발행인	최지윤
제작	현문자현
서점관리	하늘유통

발행처	시커뮤니케이션
출판등록	2014년 10월 23일 제 2019-000012호
전화	031)871-7321
팩스	0303)3443-7321
전자우편	seenstory@naver.com

ISBN	979-11-88579-59-4

방송을 지배하는 거대한 힘에 맞선 311일

방송이 사라지던 날

노광준 지음

시커뮤니케이션

19년 넘게 한 직장에 다녔습니다.

조금만 더 다니면 20년 근속 금반지를 받을 차례였고요. 저의 일터는 집에서도 가깝고, 안정적이며, 무엇보다 일이 몹시 재미있는 곳이었습니다.

그러던 어느날이었습니다.

일제불매운동의 열기가 하늘을 찌르던 무더운 여름, 직장 실세가 저를 비롯한 간부들 앞에서 이상한 말씀을 하는 겁니다. 불매운동이 어쩌고 우매한 국민들이 어쩌고 역사가 어쩌고 언론이 어쩌고 하더니 급기야 아사히 맥주와 유니클로 사장을 걱정해주는 겁니다. 유니클로 사장이 무슨 죄냐고. 아사히 맥주 사장이 무슨 죄냐고. 점장, 아사히 맥주 숨겨놓지 말고 이제부터 내놓고 팔라고.

이런 일이 만약 여러분 눈 앞에서 벌어졌다면 어떻게 하시겠습니까? 그렇죠. 가만히 있어야죠. 별 수 있겠습니까, 직장인이. 어느 조직이나 이상한 일은 있기 마련이고 괜히 그런 일에 핏대 올리기보다는 20년 근속 금반지와 자녀 학자금 지원, 안정적인 노후 설계가 백만배는 더 중요하니까요. 저도 그랬습니다. '독립운동하면 삼대가 망한다'는 어머님 말씀을 떠올리고 내년에 고3 올라가는 둘째 얼굴을 떠올리며 꾹 참았습니다.

그런데 말입니다.

가만히 생각해보니 제가 언론인이었습니다. 저의 직장은 방송국이었고요.(심지어 지상파) 그 분은 방송통신위원회 말을 빌자면 '방송국 경영을 실질적으로 지배해온' 분이었습니다. 저는 편성책임자였죠. 그 분의 발언은 지속적이었고 결국 관련 취재지시까지 내려지게 됩니다.

몇날 며칠을 고민하던 끝에, 싸웠습니다. 누구도 손대서는 안될 보도와 편성의 독립을 지키기 위해, 노동조합조차 두려워하던 한 사람의 소신이 우리 방송국을 위험에 빠뜨리는 걸 막기 위해, 피디인 저와 기자인 윤종화 둘이서 타 언론사를 찾아가 실명제보를 했습니다. 그날이 8월 12일이었습니다. 광복절을 며칠 앞두고 방송국 안에서는 치열한 전투가 벌어진 겁니다.

우리는 모든 것을 잃었습니다.

언론은 우리를 내부고발자라 썼지만, 방송국 안에서 우리는 밀고자에 배신자가 되어 쫓겨났습니다. 177일만에 부당해고 판정을 받고 복귀했지만, 근무일수로 딱 사흘 일한 뒤 다시 쫓겨납니다. 방송국이 아예 문 닫았기 때문입니다. 전파사용권 자진반납. 밖에서는 '방송 사상 초유의 지상파 자진폐업'이라며 시끌벅적했습니다. 그러나 우리는 초연했습니다. 방송국 문 닫겠다는 그 말, 처음 듣는 말이 아니었으니까요. 우리를 쫓아내던 2019년 9월 25일에도 그 분과 대주주들은 전 직원에게 고하는 게시글을 올려 또다시 이런 일이 발생하면 그 때는 회사매각이나 청산을 각오해야 할거라고 경고했습니다. 그들은 그 말을 실천했을 뿐이고, 우리는 그들의 폭주를 막지 못한 힘의 부재에 허탈했을 뿐입니다.

저는 지금 글을 쓰고 있습니다.

억울함이나 진실을 호소하기 위한 글이 아닙니다. 그건 이미, 수없이 많은 심문과 조사를 통해 분명하게 입증되고 있습니다. 책을 쓰는 이유는 두가지, '기록'과 '의심'을 위해서입니다.

많은 언론이 사상 초유의 방송사 자진폐업이라고 쓰면서도 왜 그런 사건이 벌어졌는지 명확하게 기록하지 않습니다. 그저 문닫은 사람들과 그래서 피해입은 사람들간의 엇갈린 진술만 나올 뿐이었습니다. 제가 일하던 방송국은 적자에 허덕인 적이 없습니다. 16년 연속으로 흑자 경영을 해온 알토란같은 방송국입니다. 그런데 하루 아침에 문을 닫았습니다. 이상하지 않습니까? 방송통신위원회 위원들의 구성은 여당과 야당 3:2의 비율입니다. 그런 방통위원들이 한목소리로 우리 방송국의 문제를 파고들며 재허가 취소까지 진지하게 검토했습니다. 도대체 방송국에 무슨 일이 있었을까요? 그 맥락을 놓치면 사상 초유의 결과만 있고 원인은 없는 미스터리로 남게 됩니다. 그러다보니 '기자가 대통령에게 질문 잘 못해서 방송국이 문 닫았다'는 웃지 못할 가짜뉴스가 나오게 됩니다.

저는 사건의 당사자로서 언론인으로서 방송 사상 초유의 자진 폐업에 관한 311일의 기록을 역사의 현장에 헌정합니다.

이 기록을 통해 독자 여러분께 전달하고 싶은 것은 '의심'입니다.

혹시 이런 의심을 품어보신 적 있으십니까.

'지금 내가 보는 방송을 실질적으로 지배하고 있는 자는 누구인가?' 지상파이든 케이블이든 유튜브 채널이든 간에 어느 방송에나 내부자가 있습니다. 아무리 뛰어난 기자나 앵커나 피디나 작가도 내부자를 뛰어넘을 수는 없을 겁니다. 언론의 특성상 독재권력이 아닌 이상 언론 내부자를 통제할 제도나 행정권력은 없을 겁니다. 그래서 소비자의 매서운 눈썰미가 마지막 보루입니다.

사랑하는 아이에게 먹일 두부를 고를 때 아무런 의심도 없이 마구 집어들지 않습니다. 최소한 콩의 원산지나 GMO 여부를 따져볼 것입니다. 이런 의심이 시장을 바꾸고 생산체계를 서서히 바꿔나가고 있습니다. 언론은 소울푸드입니다. 뉴스는 인공지능 시대에도 여전히 강력한 콘텐츠가 될 것입니다. 이제 우리의 언론과 뉴스와 방송이 헌법에 명시된 국민의 알권리와 민주주의를 지켜나갈 수 있도록 의심하고 의심하고 또 의심하여 결국 제자리를 찾도록 해야합니다. 독립운동은 못했지만 언론개혁은 합니다. 희망찬 언론개혁의 길 위에 이 책이 작은 땀방울 하나 보탰으면 좋겠습니다.

2020년 11월 10일.
맑은 시냇물이 졸졸졸 흐르는 광교산 자락에서 노광준 드림.

황금채널

미스터리

방송사 자진 폐업

"경기지역 종합편성 라디오 사업자인 경기방송이 22년 역사의 막을 내리고 오늘 폐업을 결정했습니다."[1]

수많은 언론이 이 소식을 타전했다. 전례 없는 일이었기 때문이다. 1947년 한국 방송이 국제무선통신회의에서 일본의 호출부호[2] 대신 단독 호출부호를 부여받아 전파를 쏘아올린 이후 70년 넘는 방송역사상 자진 폐업[3]은 처음 있는 일이었다.

"헌정 이래 첫 지상파 정파"[4]

방송 인허가를 담당하는 방송통신위원회도 당혹스러운 표정이었

---

1 오현태, 「경기방송 주총 99.9% 찬성으로 폐업 결정」 KBS 뉴스, 2020년 3월 16일

2 무선국을 식별하기 위한 문자열

3 엄밀하게 말해 '폐업'은 적확한 용어가 아니다. (주)경기방송이라는 법인은 여전히 존재하고 있기 때문이다. 방송권을 '자진반납'했다는 말이 정확한 표현일 것이다. 그러나 방송국이 방송권을 반납한 일 자체가 폐업에 상응하는 일이고, 실제로 전 직원이 정리해고되었기에, 이 책에서는 '폐업'이라는 용어로 통칭해 사용한다.

4 김정현, 강은성, 「경기방송, 29일 밤12시 종료… "헌정 이래 첫 지상파 정파"」(뉴스1, 2020.3.26)

다. 방통위 전체회의에서 방통위원들은 경기방송의 자진 폐업 소식에 당혹감을 넘어 격앙된 반응을 보였다. 이날의 분위기는 김석진 부위원장의 한마디로 정리된다.

"어처구니 없는 사태가 벌어졌다."[5]

도대체 왜? 사람들의 관심은 폐업 이유에 쏠렸다. 무슨 일이 벌어졌을까. 우선 방송사 측의 입장을 들어보자.

경기방송 이사회는 폐업 결정 직후 방송사 홈페이지에 장문의 입장문을 올렸다. 폐업의 이유로 1) 지방의회의 언론탄압에 따른 급격한 매출 감소와 2) 방통위의 경영간섭, 3) 노사갈등으로 정상적인 경영이 불가능하다고 주장했다.[6]

이에 대해 경기도의회의 한 중진의원은 PD 저널과의 인터뷰를 통해 경기방송 해명은 '적반하장식 남 탓하기'라고 비판했다.

"과거 남경필 지사 때부터 (경기방송 교통정보사업 예산) 적절성에 대한 지적이 있었던 것으로 안다. 오랜 과정이 있었는데 마치 현 의회가 보복성으로 (예산을) 삭감했다는 건 맞지도 않고, 그 밖의 '외압이 있었다'라는 식의 주장도 얼토당토않은 주장이다."[7]

---

5 「제12차 방송통신위원회 회의 속기록」(방송통신위원회, 2020.2.26.), 11쪽.
6 L, 「경기방송 이사회의 폐업 결의에 대한 입장문」(경기방송 누리집, 2020.2.28)
방송 매출의 상당 부분을 점했던 지방자치단체의 캠페인 광고비나 교통방송 협찬지원금이 줄어들어 정상적인 운영이 불가능해졌고, 이면에는 경기도의회의 언론탄압이 있었다는 주장이다.
7 이미나, 「'적반하장' 경기방송, "폐업은 언론탄압 때문"」(PD저널, 2020.2.28)
의회의 주장을 뒷받침하는 자료도 나왔다. PD 저널은 경기도의회 관련 회의록을 살펴본 결과 경기방송 교통정보방송에 대한 경기도 지원을 두고 이전부터 실효성 논란이 있었다며 2015년 11월 건설교통위원회 민경선 도의원의 발언 내용과 2017년 11월 최재백 도의원의 행정사무감사 발언 내용을 예로 들었다. 예산 삭감은 하루아침에 결정된 것이 아니라는 것이다.

급격한 매출감소는 없었다

'급격한 매출 감소'라는 경기방송 측의 해명은 사실일까? 방송국 문을 닫을 정도라면 누구든 '수년간 누적된 적자에 눈덩이처럼 불어난 빚더미'를 떠올릴 것이다. 그런데 경기방송은 불과 2년 전까지 당기순이익 20억 원 이상의 강소기업이었다. 금융감독원 전자공시시스템을 이용해 공시자료를 살펴봤다.[8]

16년 치 경영자료를 찾을 수 있었다. 지난 2004년부터 2019년까지 매년 경기방송이 공시해온 감사보고서들을 살펴봤더니, 전부 흑자였다. 16년간 한 해도 빠짐없이 흑자를 기록하고 있었다.

<경기방송 연도별 매출액 및 당기순이익 (원)>

연도	매출액	순이익(약)
2004	7,276,976,556	5억 8천 여만
2005	7,564,754,110	8억 5천 여만
2006	8,202,772,289	7억 9천 여만
2007	9,516,258,710	7억 여
2008	9,610,249,685	1억 4천 여만
2009	9,422,113,454	3억 9천 여만
2010	8,959,943,927	2억 7천 여만
2011	9,475,899,464	5억 2천 여만
2012	9,115,367,510	6억 천 여만
2013	8,675,191,373	8억 6천 여만
2014	8,581,078,105	9억 4천 여만
2015	9,261,153,848	15억 8천 여만
2016	9,203,569,041	13억 8천 여만
2017	9,977,595,173	21억 4천 여만
2018	9,075,691,502	19억 6천 여만
2019	7,226,019,874	8억 3천 여만

8   <공시대상회사 : 경기방송, 보고서명 : 2004년~2019년 감사보고서>, 금융감독원 전자공시시스템 DART(http://dart.fss.or.kr)

놀라운 것은 빚(차입금)이 한 푼도 없었다는 사실이다. 경영 안정성을 말해주는 부채비율은 8.1%. 자기자본이 100원이면 부채로 잡을 만한 금액은 8원에 불과한 안정적인 회사임을 뜻한다. 특히 수익성이 남달랐다. 2015년 이후, 경기방송의 전체 매출액에서 모든 비용과 법인세까지 떼고 남는 금액을 뜻하는 '당기순이익'은 15억 원, 13억 원, 21억 원, 19억여 원을 기록했다. 경기방송측이 폐업의 불가피성을 말하며 매출이 급감해 정상적인 경영이 어려워졌다고 밝힌 2019년에도 매출액 72억여 원에 당기순이익 8억3천여만 원, 여전히 흑자를 기록하고 있었다.

더욱 이상한 일이다. 이렇게 수익성 좋은 방송국이 도대체 왜, 문을 닫아야 했을까?

지나친 경영간섭이라더니

또다른 이유를 살펴보자. 경기방송측은 폐업의 이유로 방송통신위원회의 지나친 경영간섭을 거론했다.

"방송통신위원회로부터 재허가를 받는 과정에 경기방송은 그야말로 주인 없는 회사로 변해 무주공산으로 흘러가 버렸습니다."[9]

방통위가 재허가 과정에 이런저런 간섭을 해서 도저히 정상적인 경영을 할 수 없었다는 주장이다. 여기서 잠깐, '방통위 재허가'라는 말이 무슨 뜻인지 확실히 짚고 넘어가보자.

신문은 재허가 심사를 받지 않는다. 그러나 방송사업자들은 예외 없이 재허가 심사를 받는다. 그 이유는 전파가 '국민의 재산'이기 때문이다. 국민의 재산인 전파를 빌려 쓰고 있는 KBS, MBC, 경기방송

---

9 「경기방송 이사회의 폐업 결의에 대한 입장문」(경기방송 누리집. 2020.2.28)

등의 방송사업자들이 공공재인 전파를 정말 공익적으로 사용하고 있는지 그 적정성을 평가하는 것이 '재허가 심사'이다. 3~5년에 한 번씩, 한번 할 때 최소 6개월 이상의 시간과 상당한 인력을 들여 적정성을 따진다. 만일 여기서 점수미달로 부적격 판정을 받으면 방통위가 사업자 권한을 취소시킬 수도 있다. 방송을 못 하게 할 수도 있다는 뜻이다.

그래서인지 방송통신위원회의 인적구성은 늘 정치권의 쟁점이다. 방통위원장을 포함한 5명의 상임위원은 대통령이 추천한 2명과 국회 여야 교섭단체에서 추천한 3명으로 구성된다. 경기방송을 심사하던 2019년 12월 당시 방통위원의 인적구성은 3대 2로, 여권 추천 인사 3명에 야권 추천 인사 2명으로 구성돼 있었다.[10] 이 5명이 공개된 회의를 통해 주요한 의사결정을 해낸다. 방송사에 대한 재허가 여부는 민감한 현안이기 때문에 속기록은 온라인으로 공개되고 회의 현장에는 출입 기자들이 배석한다.

방통위는 2019년 12월 경기방송에 '조건부 재허가' 결정을 내렸다. 기준점수 미달이었기 때문이다. 아예 탈락시킬 거냐, 한 번 더 기회를 줄 거냐, 결정시한을 하루 남긴 12월 30일에야 결정이 났다.[11] 간발의 차이로 '한 번 더 기회를 주자'에 쏠렸고, 결국 방통위는 경기지역 청취자 보호를 위해 한 번 더 기회를 주는 대신, 경기방송 경영진에게는

---

10   경기방송을 심사하던 2019년 12월 당시 방통위원들의 인적구성은 아래와 같았다.
[한상혁 위원장 (장관급, 문재인 대통령 추천), 김석진 부위원장 (차관급, 자유한국당 추천), 표철수 상임위원 (차관급, 국민의 당 추천), 허욱 상임위원 (차관급, 더불어민주당 추천), 김창룡 상임위원 (차관급, 문재인 대통령 추천)]

11   PD 저널의 보도는 그날의 긴박한 상황을 이렇게 쓰고 있다. "허욱 위원은 현재 경기방송의 운영 상황과 지난 10년간 행태를 고려하면 경기방송 문제가 조건부 재허가로 근본적으로 개선될 수 있을지 매우 회의적이라며 재허가 거부 의견을 주장했지만, 표철수 위원과 김창룡 위원은 마지막으로 기회를 주자며 조건부 재허가 의견을 냈다."

경영투명성 확보 등 엄격한 조건을 부과하는 '3년짜리 조건부 재허가'를 내줬던 것이다. 방통위는 공식적인 보도자료를 통해 재허가 거부까지 고려했지만 한 번 더 기회를 줬다고 설명했다.[12]

당시 경기방송 경영진은 재허가를 받기 위해 전직원 명의로 된 '탄원서'까지 제출했다.[13] 선처를 바란다, 자정 노력을 게을리하지 않겠다는 내용이었다. 그런데 탄원서까지 제출하며 재허가를 받은 뒤 불과 3개월도 지나지 않아 스스로 방송권을 반납하겠다는 폐업 결정을 내린 것이다. 점수미달인데도 허가를 내 준 방통위의 경영간섭까지 폐업사유로 거론한다. 상식적으로 앞뒤가 맞지 않는다.

방통위의 반응은 어땠을까? 전체회의에서 점잖은 김석진 부위원장은 이례적으로 모독, 무시라는 단어를 썼다.

"지난번에 재허가 신청을 했을 때 (경기방송을) 심사한 결과, 상당 부분 점수가 미흡해서 재허가 신청을 거부할 수도 있었지만, 조건부로 재허가를 해 준 바 있습니다. 그 이유는 지역 시청권을 보호하고, 또 직원들, 구성원들이 갑자기 실직하는 것도 보호하기 위해 조건부 허가가 나갔던 것입니다. (그런데) 아직 시쳇말로 (재허가) 잉크도 마르기 전에 자기들이 이사회를 열어서 경영진이 자진 폐업을 결정하고 방송 허가를 반납하겠다는 결정이 난 것입니다. 이것은 정말 행정청의 재허가 행정의미를 모독하는 것 같기도 하고, 무시하고 반발하는

---

12 방송통신위원회 보도자료, 「방통위, ㈜경기방송 조건부 재허가 의결」(방통위 누리집, 2019.12.30) "경기방송에 대해서는 심사 기준점수 미달, 경영 투명성 및 편성의 독립성 제고 등을 위한 개선계획의 미흡, 방송법 위반상태 지속, 허위자료 제출 등(중략)의 사유로 '재허가 거부'를 엄중히 고려하였으나, 경기방송이 지역 종합편성 라디오 사업자로서 20년 넘게 방송을 해온 점, 시청자들의 시청권 보장 등을 종합적으로 고려하여 경영 투명성 확보 등을 조건으로 조건부 재허가하기로 최종적으로 결정하였다."

13 전국언론노동조합 경기방송지부(지부장 장주영)의 2020.3.6. 기자회견문 「경기방송 이사회 자진 폐업 규탄! 99.9 경기방송은 계속돼야 한다」에 따르면 2019년 말 재허가 당시 전 직원의 탄원서를 노조가 대신해서 올리기도 했음을 명시하고 있다.

행태로 보입니다."[14]

김 부위원장은 자유한국당 추천 인사로, 재허가 당시 '한 번 더 기회를 주자'는 의견을 개진해온 '온건파'였다. 그랬던 그조차 경기방송의 자진 폐업은 이해할 수 없었던 것이다.

이토록 조용했던 노사관계

이번엔 노사관계를 살펴보자. 노동조합이 지나치게 경영간섭을 해서 폐업을 했다는 경영진의 해명은 사실일까?

경기방송의 폐업 입장문에는 '회사가 IMF 때보다 심한 경영위기를 겪는 와중에도 노조원, 비노조원 할 것 없이 내부 경영진을 향해서만 투쟁하는 형국이었고 노조의 지나친 경영간섭은 경영진에게 두 손을 들게 했다'라고 주장이 실려 있었다.

그러나 노동조합의 말은 180도 달랐다. 조합원들과 함께 방송통신위원회 앞에서 기자회견을 가진 장주영 전국언론노조 경기방송 지부장은 '노조 경영간섭설'에 대해 어이없다는 표정을 지었다.[15]

또 다른 구성원인 최미근 경기방송 PD 협회장은 기자회견 자리에서 "우리의 잘못이라면 열심히, 그저 묵묵히 제 자리에서 방송만 해온 것"이라며 "(폐업을 택한) 경영진은 방송을 돈벌이 수단으로만 생각한 것인지, 보이지 않는 곳에서 경기방송을 듣는 청취자들은 (안중에) 없었는지 묻고 싶다"라며 착잡한 심경을 밝혔다.[16]

---

14 「제12차 방송통신위원회 회의 속기록」(방송통신위원회, 2020.2.26.), 12쪽.
15 "경기방송 구성원들은 그동안 사측의 경영권과 인사권을 존중했고 쟁의행위도 한 적이 없습니다. 사측은 (노동조합에) '도와 달라' 같이 논의해 보자'라고 하더니 갑자기 폐업을 추진했습니다."
제정남, 「[초유의 지상파 폐업 사태] "경기방송 폐업해도 고용보장·방송 지속해야"」(매일노동뉴스, 2020.3.12)
16 이미나, 「폐업 절차 밟는 경기방송, '희망퇴직' 실시…"분열 조장해 노조 고립 의도"」(PD저널,

실제로 경기방송 노동조합은 쟁의행위 한 번 한 적 없었다. 지난 2002년 노동조합 설립신고를 한 뒤 단 한 번의 공식적인 쟁위행위도 기록되지 않는다. 심지어, 2020년 전례 없는 방송사 폐업으로 전 직원이 정리해고 실직을 하게 된 그 순간까지도 노동조합의 쟁의행위는 없었다.

가짜 뉴스의 등장

방송국의 폐업 이유가 석연치 않은 가운데 가짜뉴스가 돋아났다. 대통령 신년기자회견 당시 경기방송 K 기자의 질문이 결국 경기방송의 재허가권에까지 영향을 미치게 되었다는 소문이었다. K기자는 페이스북에 '대통령에 대한 자신의 질문이 경기방송의 재허가권에 영향을 끼쳤다'라며 퇴사를 암시했다.

K 기자는 대통령 신년기자회견 당시 대통령에게 자기소개도 하지 않은 채 '정책 기조를 바꾸지 않는 그 자신감은 어디에서 나오는가'라며 다소 공격적인 질문을 하는 모습을 보였다. 이는 논란거리가 되어 지상파 토론 프로그램에서도 K 기자의 질문논란을 토론주제로 올릴 정도였다. 그런 K 기자가 방송국 폐업과 자신의 질문을 연관지어 거론한 것이다.

사실 여부에 상관없이 보수언론과 보수 유튜버들은 김 기자의 페이스북 글과 '방송국 폐업 사실'을 부각했다. 4.15 총선을 앞둔 보수 정치인들은 더 노골적으로 불씨를 지폈다.[17] "대통령에게 당연히 해야할

2020.3.6)

17 박대출 미래통합당 의원이 2월 26일 성명을 내고 당 차원의 진상조사를 벌이겠다고 밝힌 데 이어 다음날인 2월27일에는 심재철 미래통합당 원내대표가 국회에서 열린 최고위원회의에서 이 사안을 거론했다.

질문을 했습니다 그런데 그것이 못마땅하다고 이 정권은 방송사를 문닫게 만들고 있습니다. 문재인 정권의 언론탄압입니다." 심재철 미래통합당 원내대표가 한 말이다.

방송통신위원회는 즉시 해명자료를 내고 '관련 의혹은 사실무근'이라고 대응했다.[18] 해명자료에서 방통위는 재허가 심사과정은 물론 방통위 의결 과정에서도 해당 기자의 질문과 관련된 사항은 전혀 검토되거나 논의된 적이 없었고, 재허가 심사는 법률, 경영, 회계 등 외부 전문가들이 참여하는 심사위원회의 심사를 거친 뒤 의결하는 절차로 진행된다고 밝혔다. 또한 경기방송이 조건부 재허가를 받은 핵심이유는 방송법과 상법을 위반하고 있는 비정상적인 상황으로 재허가 기준인 650점 미만으로 평가된 점이었다며 당시 채점기록까지 첨부해 공개했다.

야당 추천 방통위원까지 나서서 '사실무근'임을 강조했다. 표철수 상임위원은 경기방송에 대한 재허가 심사 당시 심사위원장을 맡았던 야당 추천 인사로, 언론 인터뷰를 통해 "방송사 재허가 심사는 항목별 점수로 엄정하게 평가하게 돼 있으며 심사위원장이나 심사위원은 모두 해당 기자가 그 방송국 소속인지조차 몰랐다."라고 말하며 불쾌함을 감추지 못하며, 이렇게 되물었다.

"경기방송은 재허가 최저 점수인 650점에 미달한 648점을 받아 재허가도 어려운 상황이었다. 하지만 무 자르듯 허가 취소를 결정하기보다 사업을 지속하도록 도와주는 것이 정부의 할 일이라 여겨 '조건부 재허가'를 결정했다. 그런데 그 주장을 문장 그대로 해석하면, 경

---

18 방송통신위원회, 「방통위 "경기방송 재허가 관련 일부 보도 사실과 달라"」(대한민국 정책브리핑 누리집, 2020.2.28)

기방송 기자가 문대통령에 대한 공격적인 질문을 해 방통위가 미달 점수를 받은 경기방송을 억지로 재허가를 해줬다는 뜻이라는 이야기 인가?"[19]

당연히, 앞뒤가 맞지 않는 이야기이다.

방통위의 적극적인 해명에 논란은 사그라들었다. 보수언론도 더는 진도를 뽑지 못했다. 그리고 며칠 뒤 또 다른 진기한 뉴스가 전해졌다. 이슈의 중심에 선 K 기자가 이번에는 야당의 비례정당에 비례대표 후보 공천을 신청한 것이다.

"계획이 다 있었나" K 기자 미래한국당 비례 면접[20]

방송국 폐업에 얽힌 '언론탄압설'은 한 편의 헤프닝으로 끝났지만, SNS를 타고 퍼진 가짜 뉴스는 오래도록 구전되었다.

그러면 폐업의 진짜 이유는 무엇일까?

이제 시간 여행을 떠나보자. 이야기는 한여름 밤의 별빛이 쏟아지던 2019년 7월 4일 밤 수원시 영통구 횟집의 회식자리에서 시작된다.

---

19 강은성, 「"文질문 때문에? 점수 미달인데도 경기방송 재허가했는데"…발끈한 방통위」(뉴스1, 2020. 2.27)

20 김유민, 「"계획이 다 있었나" K 기자 미래한국당 비례 면접」(서울신문 온라인기사, 2020.3.16)

제보자들

어떤 언론사 간부의 역사의식

2019년 7월 4일 목요일 밤, 수원시 영통구 영통동에 있는 대도수산에서는 10여 명의 경기방송 직원들이 회식을 하고 있었다.

"잘 먹겠습니다!"

이날의 회식은 방통위 재허가 준비에 수고한 직원들과 수원시 행사 입찰에 투입된 피디들을 격려하기 위해 H임원이(앞으로도 자주 언급될 분이다.) 마련한 자리로, 모든 비용은 회사법인카드로 결제되었다.[21] 잠깐, 지자체 행사 입찰에 피디들이 투입됐다고?

아무데나 투입되는 PD들의 속사정

H 임원이 한 달 전 간부들에게 내렸던 지침 때문이었다.

'앞으로 모든 행사 입찰에는 용역업체 말고 우리 직원이 직접 가서 PPT 발표를 할 것. 자원자 없으면 회사가 지정하고, 이를 거부하면 징

---

21 모든 비용이 회사법인카드로 결제되었다는 사실은 2020년 3월 9일 경기지방노동위원회 심문회의에서 '당시 회식비용의 결제는 누가 했느냐'는 경기지방노동위 주심위원의 질문에 대해 '회사법인카드로 결제했다'라고 답한 경기방송측 답변을 근거로 판단하였다.

계할 것.'

PD들은 물론 행사 입찰 관련 전문가가 아니었다. 전문성을 가진 사업부서 직원이 담당하거나 그 부서에서 인력충원을 하면 될 일이었다. 그러나 H임원은 '될지 안 될지도 모를 입찰을 위해 직원까지 뽑느냐', '처음부터 전문가가 있느냐, 기자든 피디든 자꾸 하다 보면 전문가가 된다'라는 논리로 밀어붙였다. 그 결과, 수원시가 개최하는 '대한민국 임시정부수립 100주년 기념행사'의 운영권을 따기 위한 입찰경쟁에 두 명의 피디가 투입되었다. 둘 다 생방송 라디오 프로그램을 연출하고 있었다. 발표 당일, 방송 프로그램을 다른 피디에게 맡기고 행사 PPT 발표를 하러 갔다. 사전준비를 위해 일주일 내내 야근을 했다. 평소 들어본 적도 없었던 전문 이벤트 과제를 짧은 시간 내에 풀어나가며 발표준비를 했지만, 발표현장에서 심사위원들은 냉랭한 반응을 보였다.

나는 당시 편성제작을 총괄하는 제작팀장으로서, 고생하는 후배들이 안쓰러워 행사 현장에 따라가 끝날 때까지 함께 했다. 그 심정이 어떤지 잘 알고 있었기 때문이다. 나 역시 삼성 나눔걷기 행사 입찰, 연천 구석기 축제행사 입찰 등에 투입돼 직접 발표를 했었기 때문이다. 당시엔 나도 방송을 사전 녹음하거나 다른 사람에게 맡긴 채 발표를 했었다.

결과는 탈락. 당연한 결과였다. 그런데 피디들은 탈락의 아쉬움 대신 인사상 불이익을 걱정했다. H임원이 진작에 해온 말. 'PPT를 맡았는데, 대충하다 떨어져도 근무 태만으로 간주하겠다.'라는 언급이 마음에 걸렸는지 불안해했다.

나도 이 점을 걱정해, 피디들은 최선을 다했음을 여러 번 H임원에게 보고해왔다. H임원은 '자신은 결과에 상관없이 열심히 일하는 직원을 치하해주는 통큰 리더'임을 내비쳤고, 그 결과 회식 자리가 마련되었다. 사실 피디들은 회식자리에 오기 싫어했지만 말이다.

"팀장님, 회식, 꼭 가야 하는 거죠?"

H임원과의 술자리는 좀처럼 일찍 끝이 나지 않는다는 걸 알기 때문이다. 1차, 2차, 그리고 3차 노래방. 때로는 그 술자리에 새벽 2~3시에 생방송이 끝난 여성 진행자를 부르기도 한다. 새벽 5시에야 끝이나더라는 프리랜서 진행자의 증언도 있었다.[22] 나는 피디들에게 '책임지고 12시 전에 갈 수 있게 하겠다'라는 약속을 하며 회식자리에 불렀다. 그런데 이날 밤 또다시 돌발상황이 터졌다.

"아, OOO 씨도 오라고 하죠?"

"예? 내일 새벽방송 하는데."

"에이, 잠깐 왔다 가면 되지, 내가 전화할게."

H는 여성 프리랜서 진행자를 술자리에 불렀다. 아침 6시 생방송을 하는 진행자였다. 적어도 새벽 5시까지 출근한다. 피디도 없이 작가와 둘이서 아침방송을 하기에 고도의 집중력이 필요하다. 그래서 피디들은 만류했지만, 결국 그 여성 진행자는 회식자리에 나타났다. 밤 9시 넘어, 화장하고 갖춰 입은 채.

---

22 당시 술자리에 동석했던 프리랜서 진행자가 카톡메시지로 보내온 진술내용은 아래와 같다. "심야 격려해 준다는 심야모임이라며 반기 1회정도 모임을 했습니다. 이 모임의 문제는 사전 조율되지 않은 H가 술이 꽤 들어간 상태에서 즉흥적으로 찾아와 스튜디오에 들어온 일도 있으며 방송 끝나고 술을 마셔야 했고, 술자리는 항상 5시까지 이어집니다. 그 사이 내가 이런 노래를 좋아하는데 아느냐는 물음과 함께 노래방에 가서 불러보자, 이 시간이 보통 3시 이후 입니다. 다음날 일이 있어서 술을 못마신다는데도 술을 마시라, 대리 불러준다는 등 해가 뜰때까지 함께 했던 기억입니다. 가장 최근은 2018년 8월 28일 이었습니다."

나는 잠시 밖에 나갔다. 그녀를 어떻게 하면 일찍 집에 들여보낼 수 있을지 대책을 피디들과 논의했다. 다시 술자리로 돌아왔는데, 갑자기 H임원은 시국 이야기를 꺼냈다. 당시 한일 정부 간의 갈등사안이 되고 있던 강제징용 관련 대법원 판결에 관한 말이었다.

"강제징용 관련해서 대법원 판결 말이에요. 내가 보기에는 판결이 잘못됐어요."

"예?"

"1965년 한일협정 때 일본이 우리 정부에 3억 달러인가 줬잖아. 거기에 다 포함된 거지."

H는 1965년 일본 정부가 우리 정부에 무상으로 지원해준 3억 달러에 강제징용이나 위안부 문제 등 모든 사안이 사실상 끝났다는 주장을 했다. 일본 정부의 주장과 유사했다.

"우리끼리 얘기지만 일본 논리가 맞아. 노무현 때 참여정부도 인정했잖아. 한일협정 때 다 끝난 거라고. 그걸 우리나라 대법원이 억지로 판결해서 일본에 돈 달라고 하니, 일본 보기에 얼마나 그렇겠어?"

나는 H의 논리를 납득할 수 없었다. 개인적으로 한국사 능력검정시험 1급 자격증이 있을 만큼 역사에 관심이 있다고 생각했는데, 내 기억으로는 1965년 한일협정은 우리 정부로서는 굴욕적인 협정이었다. 게다가 당시 일본 정부가 건넨 돈은 식민지배에 대한 배상금 성격이 아닌 '독립 축하금'이라고 당시 일본 정부 인사들까지 인정했던 것으로 알고 있는데, 내가 잘 못 알고 있는 건지, 뭐가 있길래 저분은 저렇게 당당하게 말씀하시는지 의아했다. 그래서 그날 회식 자리가 끝난 뒤 검색을 해봤다.

일본 아베 정부의 논리	한국 대법원 판결
1. 일본의 한반도 식민지배는 합법. 2. 따라서 강제징용은 없었다. 3. 개인 청구권은 1965년 한일협정으로 소멸되었다.	1. 일본의 한반도 식민지배는 불법. 2. 따라서 강제징용이 있었다. 3. 1965년의 한일협정은 불법행위에 대한 배상이 아니며 개인의 청구권까지 포괄하고 있지 않다.

이것이 그날 밤 나의 결론이었다. 노무현 정부도 일본의 논리를 인정했다는 주장은 가짜뉴스에 가까웠다.

노무현 정부 시절인 2005년 한일회담 문서공개 후속대책 관련 민관공동위원회의 견해 : 청구권 협정은 국가 간의 채권, 채무 관계 해결을 위한 것이며, 반인도적 불법행위에 대한 일본정부의 법적 책임은 남아 있다.[23]

훗날 H임원측은 내가 자신의 발언을 왜곡했다고 반박했다. 자신은 그날 '국가 간에 체결된 협약을 지키지 못하면 신뢰에 문제가 생긴다'라는 취지로 발언했을 뿐 대법원 판단이 잘못됐다거나 강제징용에 대해 언급한 것이 아니라는 것이다.

그러나 이는 자기모순적 변명에 불과하다. 당시 한일 갈등은 강제징용 관련 우리나라 대법원 판결에 일본의 아베정부가 발끈하며 우리 정부에 강한 압박을 넣으면서 촉발됐다. 한일 갈등이나 국가 간 협정을 말하려면 그 전제조건인 '강제징용 대법원 판결'에 대해 언급해야만 한다. 이 언급 없이 '국가 간 협약'에 대해서만 언급했다는 것은 어

---

23 <(국무총리실 한일수교회담 문서공개 등 대책 기획안 활동) 백서> (국무총리실 한일수교회담문서공개등대책기획안, 2007)

불성설이며 친일발언의 흔적을 지우려는 억지일 뿐이다.

물론 내가 그 자리에서 문제를 제기하지 않았다는 지적은 사실이다. H의 소신 발언에 그 자리에서 누구도 문제를 제기하지 않았다. 질문도 던지지 않았다. 불편한 기색도 보이지 않았다. 그게 당시 경기방송의 모습이었다.

폐업 직전까지 경기방송의 대표이사를 맡았던 정수열 전 사장은 훗날 H임원에 대해 이렇게 평가했다.

"직원들과 소통하려는 경영자를 나약하고 무능한 경영자로 본다는 느낌을 받았다."[24]

일제강점기, 일본은 우리나라 사람 70만 명 이상을 주로 농촌에서 강제로 납치해 탄광이나 채굴, 터널건설, 철강업 등의 중노동에 내몰고 이 과정에 입은 신체적, 정신적 피해에 대해 전혀 배상하지 않았다. 나치 독일이 유대인을 아우슈비츠 강제수용소에 보낸 것과 다르지 않은 인권침해를 일본이 행한 것이다. 그런데도 '65년 한일협정 때 모든 게 해결되었다'라는 일본 정부의 논리를 수용하는 순간, 우리는 36년간의 식민지배도 합법이었고 강제징용과 같은 불법행위도 없었다는 말도 안 되는 억지 논리까지 인정하게 된다. 괴변의 악순환. 알면 알수록 무서운 논리였다. 바로 내 옆에서 이런 논리가 아무렇지도 않게 흘러나오고 있었다. 그것도 언론사 운영과 보도를 좌지우지하는 [25] 간부의 입에서.

---

24 정수열 전 대표이사는 필자와 2020년 5월 24일 오전 11시경 경기도 용인시 수지구 신봉동에 위치한 찻집(보스꼬빈)에서 약 1시간에 걸쳐 대화를 나누던 중 관련 진술을 하였다.

25 "H는 경영권을 실질적으로 지배하는 자(의결권의 70% 보유)임에도 방통위의 승인을 얻지 않아 방송법 제15조의 2를 위반함. 2대 주주는 정관의 근거 없이 자신의 의결권을 H에게 포괄적으로 위임함으로써 상법을 위반함." (방통위 해명자료, 20.2.27)

그게 바로 아베의 논리

다음날인 7월 5일 금요일 오전, 휴게실에서 마주친 S피디와 대화를 나눴다. 간밤의 검색결과와 내 생각이 맞는지 확인해 보고 싶어, 강제징용은 1965년 한일협정으로 다 해결된 거라는 의견도 있더라고 넌지시 물었다. 그러자 S피디는 안타깝다는 표정으로 말했다.

"그게 아베의 논리잖아요. 우리나라 극우들도 그 논리를 따라 하고, 저는 이해할 수 없는 게 설령 그때 국가 간 배상이 다 끝났다 쳐도, 강제징용은 개인의 문제잖아요. 국가가 내 억울함을 대신 풀어주나? 그거 아니었잖아요. 일본 사람들도 러일전쟁 때 입은 개인 피해에 대해 러시아 정부에 배상을 청구하던데, 지들은 그렇게 하면서 우리더러 하지 말라고 하는 건 모순 아닌가? 극우들도 그런 건 좀 생각해야 하는데 무조건 지금 정부가 하는 일이면 반대부터 하고 나서니."

S피디는 당시 저녁 시사프로그램을 연출하고 있는 시사피디였다. 본인 스스로 시사공부가 부족하다며 이른 아침부터 출근해 뉴스를 찾아보고 또 찾아보는 노력파였다. 그런 S피디가 나를 보며 물었다.

"근데 그런 말을 누가 했어요? 혹시 저도 아는 분?"

"아니 뭐. 그런 의견이 떠돌아다녀서."

괜히 뒷말하는 사람이 되기 싫어서 말끝을 흐렸다. 그리고는 불현듯 떠오르는 생각이 있어서 툭 제안을 던졌다.

"이번 8.15 광복절 때 말이야, 지금 이야기한 강제징용 이야기부터 역사문제까지 팩트체크를 해보면 어떨까? 저녁 시사프로그램에서. 나도 도와줄 테니."

그러자 S피디는 좋다면서도 걱정되는 점을 말했다.

"근데 회사에서 하라고 할까요? 공휴일이면 종합뉴스부터 저희 시사프로그램까지 다 쉬게 하고 음악만 트는 거 아시잖아요? 기자들 다 나오지 말라고 하고."

그랬다. 광복절에는 저녁 시사프로그램이 없었다. 언제부터인가 평일에 돌아오는 공휴일이면 경기방송 편성에서 아침 종합뉴스, 저녁 종합뉴스가 사라졌다. 저녁 시사프로그램도 사라졌다. 이유는 공휴일에 생방송 뉴스나 시사프로그램을 위해 출근하는 기자와 피디들의 휴일 특근수당 발생을 없애기 위해서다. 대법원 판결로 직원들의 휴일 특근수당도 통상임금으로 인정받으면서 경기방송의 경영진은 휴일 특근수당을 줄이기 위한 방침을 마련했고, 그중 하나가 공휴일 종합뉴스와 시사프로그램을 재방송이나 음악프로그램으로 대체하는 것이었다. 기자와 피디는 휴일에 푹 쉬게 하고, 대신 특근수당을 줄 필요가 없는 프리랜서 뉴스캐스터들이 단축된 뉴스를 읽었고, 프리랜서 디제이들이 생방송 음악프로그램을 진행했다. 청취자 수가 급감하는 공휴일까지 값비싼 기자, 피디를 투입해 방송시킬 이유가 없다는 H의 효율성 논리 때문이었다.

"준비는 해둘 테니, 광복절 편성 문제는 H와 상의해보시는 게 좋겠습니다."

그 후 나는 여러 루트를 걸쳐 결국, 광복절 시사프로그램을 편성해도 된다는 허락을 받았다.[26] 단, 생방송이 아니라 사전녹음분이어야 한다는 단서가 붙었다. 사전녹음을 하면 특근수당을 안 줘도 되기 때문이다. 그래서 광복절 특집 시사프로그램은 광복절 전날 제작되어 녹음방송으로 송출됐다.

26　당시 편성책임자였던 필자는 당시 저녁뉴스를 관할하던 보도1팀장에게 광복절 특집 시사프로그램의 편성이 필요함을 설명했고, 이에 공감한 보도1팀장은 H임원에게 보고를 올려 시사프로그램을 편성해도 좋다는 허락을 받았으며, 카카오톡(2019.8.9.오후5:27)을 통해 '노팀장님~ 말씀드렸더니 6시부터 유쾌한 시사(시사프로그램 제목)로 진행하라고 하셨습니다.'라는 메시지를 보내왔다.

계속되는 정치 막말

7월 22일 월요일 오전 10시, 4층 회의실에서 간부회의가 열렸다. H가 첫머리 말을 맡았다.

첫머리 말은 어느 조직이나 대표이사, 사장의 몫이다. 경기방송도 그랬다. 전임 최승대 대표이사 때까지만 해도 간부회의를 여는 첫머리 말은 늘 대표이사의 덕담, 혹은 따끔한 지적으로 시작됐다. 그러나 2018년 9월 박영재 사장이 취임하면서 첫머리 말은 H의 몫이 되었다. 박 사장은 '나는 대외적인 일을 맡고 안의 일은 H가 하는 게 맞다'라는 견해를 밝히며 간부회의 내내 말을 거의 하지 않았다. 회의에 들어오지 않는 날도 많았다.

H는 등기이사였고, 주식을 4만 주 넘게 보유한 5대 주주이기도 했다.[27] 그런 그가, 첫머리 발언에서 이런 말을 했다.

"문재인이 보면 '무식하면 용감하다'는 말이 떠오른다니까."[28]

27 「지상파방송사업자 재허가 신청서」(경기방송, 2016.12.27), 232~233쪽. 5대 주주 : H (44,400주, 8.54%) - 2016.5.31. 기준.
28 이재진, 「총선 이기려 우매한 국민 속이고 반일 몰아간다」(미디어오늘, 2019.8.13)

솔직히 걱정스러웠다. 점점 발언의 강도가 세지고 있었기 때문이다. 당시 핵심 이슈는 일본의 경제 조치와 반도체였다. 우리 대법원의 강제징용 배상 판결에 불복하며 일본의 아베정부는 한국에 대한 반도체 핵심부품 수출을 규제하는 경제 조치를 취했고, 이에 대해 문재인 정부는 세계무역기구(WTO) 제소를 검토하며 원칙적인 대응을 했다.

워낙 발언의 수위가 세다 보니 나도 모르게 '삼성 반도체'를 검색하고 있었다. 그러다 알게 되었다. 월요일 오전부터 삼성전자 주식이 오르고 있었다. 시장의 반응은 삼성이 일본 경제 조치에 발 빠르게 대응하고 있음을 긍정적으로 평하고 있었던 것이다.[29]

이날 나만 그렇게 느낀 것은 아닌 것 같다. 나중에 알고 보니 이날 그 자리(간부회의)에 있었던 윤종화 보도2팀장(기자)은 자신이 일 년 내내 들고 다니며 중요사안을 기록해온 업무수첩에 해당 발언을 기록해두고 있었다.

'文 무식하면 용감하다'[30]

이 메모를 훗날 미디어오늘의 이재진 기자는 온라인 기사 타이틀 이미지로 사용했다. 매일 일정 양식대로 적어온 수기기록은 중요한 증거자료가 될 수 있다는 믿음 때문이다.

새벽의 유튜브 영상

8월 4일 일요일 새벽 1시경, 경기방송 전체 직원이 가입된 사내소통 밴드에 영상이 하나 올라왔다. H가 직접 링크해 올린 유튜브 영상이었다. '일본 불매운동은 누구한테 이득이고, 누구한테 손해일까?'[31]란

---

29   2019년 7월22일 당일 반도체 주식 가운데 삼성전자는 0.85%, SK하이닉스는 2.08% 상승했다.

30   이재진, 「"총선 이기려 우매한 국민 속이고 반일 몰아간다"」(미디어오늘, 2019.8.13)

31   유튜브영상 「일본 불매운동은 누구한테 이득이고, 누구한테 손해일까?」(더나은삶TV, 2019.7.22),

제목이었다.

H가 올린 링크를 클릭해봤다. 주로 주식시장 전망과 분석 영상을 만들어온 유튜버가 올린 11분짜리 영상물이 나온다. 불매운동은 특정 정치세력에 이용당할 수 있고, 시장경제를 혼탁 시켜 국내 소비자에게 피해를 준다는 내용이었다.[32]

다음날인 8월 5일 월요일 낮 12시경, 경기방송 신관 1층의 일본식 카레집 '아비꼬 경기방송점'에서는 확대간부회의를 마친 10여 명의 임직원이 점심을 먹고 있었다.

매월 첫 번째 월요일은 기존의 팀장급 간부진에 차장급 간부들까지 참석한 '확대간부회의'가 열린다. 이날도 확대간부회의를 마친 뒤 잠시 휴식시간을 가진 뒤 참석했던 간부들을 중심으로 오찬 자리가 열렸다. 식사비 결제는 회사 법인카드로 일괄 결제했다.[33]

불매운동 비하 발언

H가 다소 격앙된 목소리로 발언을 시작했다. 그는 휴대전화를 보고 있다가 이렇게 말문을 열었다.

"문재인이 때려죽이고 싶다."

그날은 일본의 경제 조치 관련해 우리나라 주식시장이 폭락한 이른바 '블랙먼데이'였다. H는 당시 자신의 휴대전화로 주식상황을 보고 있던 것이 아닌지 추측된다. 이후 5~6분 간 열변을 토했다. 주로 이런

---

https://www.youtube.com/watch?v=MplP_uCM57Q&feature=youtu.be

32   유튜브영상 「일본 불매운동은 누구한테 이득이고, 누구한테 손해일까?」(더나은삶TV, 2019.7.22)에 삽입된 자막의 일부 내용.

33   2020.3.9. 경기지방노동위원회 심문회의에서 '당시 회식비용의 결제는 누가 했느냐'는 경기지방노동위 주심위원의 질문에 대해 '회사법인카드로 결제했다'라고 답한 경기방송측 L 이사의 답변을 근거로 판단하였다.

말이었다.

"불매운동은 (우리 역사) 100년간 성공한 적이 없다. 물산장려니 국채보상이니 성공한 게 뭐 있나? 아사히 맥주 사장이 무슨 죄 있나? 유니클로 사장이 무슨 죄가 있나?"

"유니클로에 사람 없어 보이도록 방송들이 일부러 (유니클로) 아침에 문 열자마자 준비하는 사이에 카메라 들고 들어가 찍는다. 그 카메라도 다 일제 소니던데 이율배반 아닌가?"

당시 너무 충격적이어서 받아적지도 않고 녹음도 안 했지만, 그날 발언 내용은 지금도 생생하다. 마치 극우 유튜버의 방송을 보는 것 같았다. H는 당시 논란이 되고 있던 더불어민주당 산하 민주연구원의 보고서 관련 언론 보도를 인용하며 이런 취지의 말을 했다.

"우매한 국민들 속이고 반일로 몰아간다. 지네 총선 이기려고."

하나하나가 놀라운 발언이었지만, 특히 우리 국민을 우매하다고 비하하는 그의 인식이 두려웠다. 그즈음 경기방송의 생방송 라디오의 문자창으로도 국민으로서 일본의 불합리에 뭐라도 해야겠다는 생각으로 불매운동에 동참하겠다는 주부의 글, 편의점 주인의 글, 택배기사의 글이 올라오고 있었다. 누군가에게 현혹당해서가 아니라 많은 고민 끝에 자발적으로 불편이나 매출 감소를 무릅쓰고 실천하는 국민으로 보였다. 그런 국민을 우매하다고 생각한다면 우리 방송을 듣는 청취자 역시 그렇게 여긴다는 것 아닌가.

열변을 토한 H는 갑자기 식당 점장을 부르더니 이렇게 말했다.

"점장, 아사히 맥주 숨겨놓고 팔지 말고, 오늘부터 앞에다 내놓고 파세요."

주변에서 식사하던 손님들이 힐끔힐끔 우리 쪽을 곁눈질 했다. 창피했다. 두렵기도 했다. 낮말은 새가 듣고 밤말은 쥐가 듣는다던데, 그 시간 아비꼬 경기방송 점에 있던 손님 중에 혹시라도 언론사 기자가 있었다면 큰일 나겠다는 두려움이 들었다.

식사를 마친 뒤 다들 커피 마시러 우르르 일어나 자리를 옮겼다. 나는 그 자리에 동석하고 싶지 않아 일이 많다는 핑계로 사무실로 돌아왔다. 그런데 같은 이유를 대며 사무실로 걸어 들어가는 사람들이 있었다. 윤종화 보도2팀장, 그리고 박영재 사장. 세 사람은 아무 말도 하지 않고 걸어, 각자의 사무공간으로 갔다.

대표이사의 진술서

훗날 H임원 측은 이날의 발언 내용을 대부분 '사실무근' 또는 과장이라고 부인했다. 그러나 그 자리에 동석했던 박영재 사장은 경기지방노동위원회에 아래와 같은 내용의 진술서를 제출했다.

[박영재 전 경기방송 대표이사 사장의 진술서][34]

저는 지난 2019년 8월 5일 정오경 경기방송 간부회식에서 있었던 H의 발언에 대해 아래와 같이 진술합니다. (중략)

식당에서 자리를 잡았는데 저는 H와 마주 앉았습니다. 자리에 앉자마자 H는 '에이 문재인이 때려죽이고 싶다'라며 말문을 열기 시작해서, "불매운동 해봐야 소용 있느냐, 100년간 국채보상이니 물산장려니 성공한 적이 없다. 괜히 우매한 국민 속여서 반일감정 부추겨서 총선에 이겨보려

---

34 박영재 전 대표이사의 자필진술서는 2020.3.6.(금) 경기지방노동위원회에 제출되었다.

고 하는 거 아니냐. 아사히 맥주 사장이나 유니클로 사장들은 다 한국 사람인데 무슨 죄가 있느냐. 유니클로 매장이 텅텅 비었다는 것도 사실은 기자들이 유니클로 매장이 문을 열자마자 카메라 들고 가서 찍은 거다. 그 찍은 카메라도 소니 것이 아니냐. 웃기는 짓이다. 미국이 중재를 해주면 좋은데 트럼프도 아베 편이다. 유튜브를 자세히 보니까 트럼프 인터뷰 내용에 '한국하고는 친하다. 그런데 아베하고는 더 친하다'라는 식으로 말한 것을 보면 미국이 우리나라 편 절대 만들어 줄 거다. 삼성전자 쪽에 자세히 알아보니까 불화수소 재고가 두 달 분량밖에 남지 않았다. 반도체 다 망하게 생겼다."

그런 발언을 죽 한 뒤 H는 식당 주인을 불러서 '아사히 맥주 숨겨놓고 팔지 말고 당장 떳떳하게 내놓고 팔라'라고 당부했습니다. 그날 식사하는 내내 H는 이런 맥락의 이야기를 계속했습니다. 본인의 생각도 있고 유튜브를 인용한 발언도 있었는데, 유튜브를 인용했다 할지라도 본인이 동의하고 본인 생각이 일치하는 내용으로 보였습니다.

그의 발언을 듣는 동안 사장으로서 제지할까 했는데, 여러 간부 앞에서 사장과 H의 의견대립으로 비칠까 염려되어 참았습니다. 식사가 끝나면 항상 간부들과 차를 마셨는데 이날만큼은 마음이 불편해서 '오늘은 패스할게요'라는 말을 남기고 사무실로 올라갔습니다.

더는 못 참겠습니다

그날 오후, 방송국 휴게실에서 윤종화 기자를 만났다. 점심 자리에서도 표정이 안 좋더니 오후 내내 표정이 너무 어두웠다. 꼭 무슨 일을 벌일 사람 같았다. 혹시라도 그럴까봐 걱정이 돼서 말을 붙여봤다. 그러자 윤 기자는 나의 말을 자르고 울분을 토하듯이 말했다.

"선배님, 더는 못 참겠습니다. 저 제보하겠습니다."

"미친놈."

제보하겠다는 말에 나도 모르게 욕이 튀어나왔다. 도무지 말도 안 되는 일이었기 때문이다. 상대가 누군데. 계란으로 바위 치기도 아니고. 하지만 윤 기자는 아랑곳하지 않고 자기 생각을 토해냈다.

"선배님, 저도 두 아이의 아빠인데요, 방금 들으셨잖아요. 저런 왜곡된 역사관을 가진 사람 밑에서 월급 받으면서 살기 싫습니다."

나는 계속 말렸지만 윤 기자는 혼자라도 시민단체에 제보하겠다며 휴게실을 빠져나갔다. 나 혼자 텅 빈 휴게실에 한참을 앉아있었다. 그런데, 자꾸만 윤 기자가 방금 한 말이 귓가에 맴돌았다. 두 아이의 아빠라는 말. 나도 두 아이의 아빠인데….

저대로 윤 기자가 제보할 경우 예측되는 상황이 있었다. 회사에서는 그런 말 한 적 없다고 딱 잡아뗄 것이다. 그리고는 그 자리에 동석했던 간부들에게 진술서를 강요할 것이다. 결론은 이미 정해졌으니 알아서 칸을 채워야 할 것이다. 나에게도 그런 진술서를 쓰라고 하겠지. 간부니까. 그러면 나는 윤종화가 얼마나 거짓말쟁이인지를 입증하는 진술서를 쓸 것이고, 필요하면 법정에 출석해 증인석에 설 것이다. 두 아이의 아빠인 윤종화를 향해 역시 두 아이의 아빠인 나는, 평소에도 윤 기자가 얼마나 거짓말을 밥 먹듯 해온 나쁜 사원이었는지, 회사에 얼마나 많은 불만을 가진 무능력자였는지를 진술하겠지. 반면 우리 H님은 그런 말씀을 하실 분이 아니라고 말하겠지.

그건 결코 할 수 없는 일이었다.[35]

나는 윤 기자에게 전화를 걸었다.

"종화야, 너 지금 어디냐? 잘됐다. 차 돌려서 다시 들어와 봐. 할 말이 있어."

시민단체로 향하던 윤 기자가 차를 돌려 휴게실로 돌아왔다. 무슨 일인가 하는 표정이었다. 나는 윤 기자에게 방금 그려본, 제보할 경우 예상되는 상황을 조목조목 설명한 뒤 이런 말을 했다.

"너 혼자 제보를 하면 너 혼자 미친놈이 되고 나는 너를 미친놈이라고 입증하는 진술서를 쓰고 증인석에 앉아야 하는데, 양심상 그렇게

---

35 당시 경기방송은 구조조정관련 부당해고 소송, 인턴갑질의혹 언론보도 민사소송, 프리랜서 퇴직금 지급 노동위원회 판정 등 크고 작은 법적다툼이 끊이지 않았으며 필자는 제작팀장이라는 간부직을 수행하던 중 경기방송 측을 대변하는 증인으로 검찰조사, 법정증언, 노동위원회 출석 등을 다수 경험하였고, 그 경험을 근거로 간부의 진술서 작성과 증인출석으로 이어지는 회사의 대응패턴을 예측하였다. 실제로 제보 이후 다수의 경기방송 간부들이 H가 문제가 되는 발언을 하지 않았다는 뉘앙스의 진술서 작성 및 관련 증언을 하였다. (2020.3.9. 경기지방노동위원회 판정 결과 참고)

는 못하겠다."

"그래서 아예 제보하지 말라는?"

"아니. 제보할 거면 너랑 나랑 같이 하는 거고, 안 할 거면 안 하는 거지 어중간하게 혼자서는 하지 말라는 말이야."

"고맙습니다. 선배님!"

그렇게 해서 우리는 한배를 타게 되었다. 하지만 시민단체에 제보하고 돌아온 윤 기자는 풀죽은 목소리로 이런 말을 전했다.

"시민단체에서는 제일 먼저 '노동조합과 상의했느냐'를 묻더라고요. 이 제보는 노동조합이 받쳐줘야 성공하는 거라고. 노조와 상의하고 오라고."

그 말에 나는 다행이라고 생각하며 안도의 한숨을 쉬었다. 노동조합에서 이 제보를 받기란 결코 쉽지 않을 테니까. 제보는 없던 일이되고 나도 부끄럽지만 평온한 일상을 계속할 수 있을 테니까.

노동조합

　다음날인 8월 6일 화요일 오전, 윤 기자와 함께 노동조합의 핵심간부를 만났다. 그는 상황을 들어본 뒤 내부논의가 필요하다고 답했다.

　"저희는 모든 의사결정을 총회를 통해 하기 때문에 그 자리에서 논의가 되어야 할 것 같습니다."

　예상대로였다. 우리는 그렇다면 총회에 부치지 말아 달라는 뜻을 전했다. 왜냐하면, 당시 경영진은 연봉제 실시 안을 두고 노조와 대립각을 세우며 노조 총회에서 무슨 말이 나오는지 촉각을 곤두세우고 있었기에, 이 민감한 현안이 총회 안건으로 올라가는 순간 당사자인 H사 어떤 식으로든 알게 될 것이고 노조는 감당할 수 없을 거라고 판단했기 때문이다.

　실제로 당시 이런 일이 있었다. 8일 전인 7월 29일 간부회의 자리에서 H는 경영진이 제안한 연봉제 전환요구를 만장일치로 거부한 노동조합에 대해 차마 입에 담을 수 없는 비난을 퍼붓더니, 그 자리에 있던 간부들을 질책했다. 특히 조합원 신분으로 노조총회에 참석했던 몇몇 팀장들을 보며 이렇게 말했다.

"팀장들은 왜 노조에서 나온 이야기를 말 안 해? 왜 아무도 (미리) 보고 안 하냐고."[36]

보기에 따라 이 발언은 노동조합의 독립된 의사결정 행위를 감시하고 영향을 미치려는 부당노동행위로도 해석될 수 있다. H는 이후 노조원 팀장들(기술팀장, 보도2팀장)을 따로 불러 당시 노조총회에서 무슨 말이 오갔고 왜 보고하지 않았는지를 물어봤다[37].

2016년 4월 22일에는 회사측의 시말서 남발에 항의해 노조총회를 준비하겠다고 노조위원장이 SNS에 글을 올리자, 직후 6명의 보도국 소속 노조원들 전원이 노조를 탈퇴하는 일이 벌어지기도 했다. 누구누구가 탈퇴했고 제일 마지막으로 누구까지 탈퇴해 이제 노조에는 보도국 기자가 없다는 내용이 카톡으로 H에게 보고되고 있었다.[38]

---

36 해당내용은 7월29일(월) 오전 10시경 경기방송 4층 대회의실에서 열린 간부회의에서 H가 한 말을 당시 제작팀장이었던 필자가 듣고 볼펜으로 필기한 것으로, 필기내용에는 "팀장들은 왜 노조 이야기 말 안 하냐?" "팀원관리 제대로 하나? 간부들이 오히려 회사정책을 설명해야 하지 않나? 오히려 회사정책을 비판한다는..." "별 개지랄을 한다. 시부럴놈의 새끼들" 이라고 적혀있으며 당시 필자는 제작팀 회의에서 위 내용을 순화시켜 PD들에게 전달했다.

37 H 방으로 불려간 노조원 팀장들은 당시 간부회의에 들어오던 2명의 간부들이며 이들은 간부회의 1-2일 뒤인 7월30일(화) 또는 31일(수) 경 H의 호출을 받아 불려간 뒤 그 중 1인이 이 사실을 필자에게 말해줬다. 함께 불려갔던 1인은 당시 노조위원장에게 자신이 '앞으로 노조총회 들어가기 힘들 것 같다'고 퇴근 무렵 주차장에서 맞추진 상태에서 말했다고 당시 노조위원장은 필자에게 말해줬다. 이런 일이 있은 직후 노조집행부(감사) 한 명이 노동조합을 탈퇴했다. 그는 사업마케팅팀 소속이었다.

38 H에게 당시 보도2팀장이 보고한 2016.4.22. 카톡내용은 아래와 같다.

 보도2팀장 : (노조위원장이 자신에게 보낸 카톡내용을 전달) 안녕하십니까? 노조위원장 이00입니다. 최00조합원, 박00조합원, 윤00조합원께서 최근에 회사로부터 시말서를 제출하라는 명령을 받고 제출하였다고 들었습니다. 제 지식으로는 이는 잘못되었다고 생각합니다. 2014년도 단체협약과 경기방송 사규집에 나와있는 제5장 인사 제28조 징계위원회 내용과 사규의 제9장 상벌에 나와 있는대로라면, 시말서는 노사가 참여하는 징계위원회에서 결론으로 집행되어야한다고 생각되어서 이렇게 글을 보냅니다. 남발되는 시말서로 인해 사규 제57조 (3)항의 징계기준강화로 이어지는 불이익을 받을 수 있다는 것입니다. 의견이 있으시면 언제라도 제게 연락을 해주세요. 그리고 이 건도 총회에서 안건으로 다루겠습니다. 수고하세요.. (오전 9:05)

 보도2팀장 : 부국장님 열받으셨고 최0, 문00, 안00, 박00, 오00은 노조 탈퇴서 제출했습니다. (오전 이런 분위기였다. 여기서 만일 연봉제 보다 훨씬 더 휘발성이 큰 그의 발언 내용이 노조총회 안건으로 올라간다면, 과연 노조의 정상적인 의사결정이 가능할까? 우리는 불가능하다고 봤다.

"그러면 총회에는 붙이지 말아 주십쇼. (노조가) 연봉제만으로도 힘드실 텐데 부담드리기 싫습니다."

역시 제보는 불가능하다고 판단했다. 그런데, 다음날인 8월 7일 수요일, 노조간부가 뜻밖의 이야기를 했다.

"어제 노조와 임금협상 할 때도 비슷하게 말하더라고요. 불매운동에 관해."

두려움이 엄습했다. 월요일에는 회사 간부들에게, 화요일에는 노조간부들 앞에서, 앞으로는 또 누구에게 말할까? 혹시라도 자기 확신을 가진 H가 편성이나 보도에 자기 생각을 강요하게 된다면, 그때 가서 막을 수 있을까? 편성이나 보도에 반영되면 수습할 수 있을까? 오너리스크. 우리는 상황의 심각성을 공감했다. 딱히 방법은 없었지만, 노조간부도 상황을 예의주시하겠다고 말했다.

9:06)

H : 잘했네... (오전 9:48)

보도2팀장 : 윤OO 탈퇴서 제출했습니다. 노조에는 보도국 기자가 없습니다. (오전 10:50)

당시 노조탈퇴서를 제출한 윤OO 조합원은 필자에게 출입처에 나가 취재하던 자신에게 보도국 선배들이 전화를 걸어와 '너만 탈퇴서 제출 안했다'는 사실을 확인해주며 사실상 탈퇴를 조직적으로 종용한 정황을 말해주었다.

결자해지

8월 7일 낮 12시, 서울 종로의 남도음식점에서 Q 교수를 만났다. 그는 저명한 언론학자로 내가 방통위 재허가 심사자료를 꾸밀 때 여러 도움을 주신 분이다. 피 말리던 재허가 서류작업도 끝났고 해서 감사 인사를 드릴 겸 만났다. 나도 모르게 불매운동 관련 고민을 털어났다.

"그런 일도 있네요."

그는 무덤덤한 표정이었다. 세상에 별일도 많다는 듯 평온한 얼굴로 식사를 하며 내 말을 들었다. 그렇게 식사가 끝나갈 무렵 나는 화장실에 가는 척하며 계산대로 나가 계산을 했다. 이렇게 하지 않으면 늘 그분이 계산하기 때문이다. 그런데, 식사 자리로 돌아와 보니 큰일이 벌어지고 있었다.

"O기자? 나 Q교수예요. 제보를 하나 할 게 있는데. 불매운동 관련."

내가 나간 사이 그는 손전화를 들고 제보를 하고 있었던 것이다. SBS였다. 나는 하얗게 질린 얼굴로 손사래를 쳤다. 하지만 그는 아랑곳하지 않았다. 제보하는 그의 눈에서 불꽃이 튀었다. 그는 기자에게

43

내 이름까지 알려준 뒤 전화를 끊었다.

"노 팀장님, 이건 이렇게 푸는 게 맞습니다. 방송국 그분도 이래야 조심합니다. 세상이 지금 어느 때입니까?"

좋은 말씀을 많이 하셨지만 내 귀에 하나도 들어오지 않았다. 난 이제 죽었구나, 하는 걱정뿐. 일이 너무 커졌다. 단골인 Q 교수를 위해 홍어 한 접시를 서비스로 가져온 식당 주인까지 이 이야기를 알게 되었다. 전라도 말씨를 쓰는 식당 주인은 Q 교수로부터 이야기를 전해 듣자마자 이렇게 말했다.

"이런, 씨부럴."

그는 유니클로 보도가 조작됐다는 말에 혀를 차며 말했다.

"요 앞에 유니클로 매장 있는데, 사람 두 명 있어요. 두 명. 점심시간 인데, 그런걸 조작됐다고? 그런 사람이 방송국 간부라니 선생님도 참 힘드시겠소."

그러면서 자신이 보는 한국 언론의 문제점에 대해 열변을 토했다. 나는 얼굴을 들 수 없었다.

"노팀장님, 보셨죠? 국민 믿고 가는겁니다. 이건 좌고우면(左顧右眄)해서 될 일이 아니예요."

그렇게 나는 졸지에 제보자가 되었다. 차를 몰고 수원으로 돌아오는 내내 나는 고민에 휩싸였다.

'제보자가 될 것인가, 종업원으로 남을 것인가.'

이제 그 선택을 내릴 시간조차 얼마 없었다. 일단 언론사에 제보가 들어간 순간 기자의 보고로 정보가 공유될 것이고, 더구나 방송사 간부에 관한 내용이기에 보도 여부에 상관없이 소문은 나기 마련이다.

어떤 식으로든 H의 귀에 들어가는 것도 시간문제였다.

'結者解之(결자해지)'.

불현듯 지난 일이 떠올랐다. 2012년 방송사가 광고급락으로 구조조정을 할 당시 노조위원장으로서 정리해고를 막지 못한 죄책감도.[39]

당시 회사는 최대주주의 방송법 위반 의혹을 둘러싸고 몇몇 주요 임원이 날마다 격돌하고, 직원들 사이에서도 노노갈등까지 일어나고 있었다. 노조위원장이던 나에게 두 개의 마음이 있었다. 하나는 '이게 회사냐'라는 공분의 마음으로 이참에 조직개편과 내부혁신을 통해 파벌 없는 회사를 만들 수 있다면 욕을 먹더라도 메스를 들어야 한다는 판단이 있었다. 그러나 한편으로 '노조는 직원 보호가 우선'이라는 마음으로 어떤 식으로든 품어내고 함께 싸워 조합원을 지켜야 한다는 판단이 있었다. 그 두 마음이 시시각각 충돌했다. 자고 일어나면 상황이 바뀌었고, 나는 그때마다 갈등했다.

그사이 정리해고가 시작됐다. 최대한 막는다고 막았지만, 결국 노조원 중에도 회사를 떠나게 된 경우가 발생했다. 얼굴을 들고 다닐 수가 없었다. 이후 방송사에서는 비판의 목소리가 사라졌고 노동조합은 노조위원장에 나서겠다는 사람조차 없어 선거를 연기할 만큼 위축됐다. 반면 경영의 전횡은 갈수록 심해져, 결국 불매운동을 비하하고 국민을 우매하다고 하는 발언이 아무렇지도 않게 나오고 있었다.

내 탓이다. 이제 와서 누구를 탓할 수도 없을 만큼 꼬일 대로 꼬인

---

39 한국방송광고공사(KOBACO)에 따르면 2012.1월 매출(10일까지) 결산결과 경기방송은 전년보다 78%나 매출이 하락돼 전체 방송사 가운데 가장 큰 손해를 입었다. 이유는 미디어렙(방송광고판매대행사) 법안의 처리가 지연돼 입법 공백 상태가 계속되고 SBS측이 '광고 직거래'에 나섬에 따라, 결합판매 의존도가 높은 중소매체들의 재정 악화가 가시화 된 것으로 분석되었다. 이후 경기방송 경영진은 노동조합에 '정리해고와 제작비 50% 감축'을 골자로 하는 구조조정 안을 제시했고 노동조합은 절대 받아들일 수 없다고 이를 반려하면서 6개월간의 노사협상이 진행되었다.

실타래의 원죄는 내게도 있었다. 이제 그 매듭을 스스로 푸는 게 피해 입은 사람들과 역사 앞에 조금이라도 속죄하는 길이 아닐까.

결자해지, 자동차가 수원톨게이트에 들어설 무렵 나는 마음을 굳히고 있었다.[40] 기름통을 들고 불구덩이 속에 뛰어 들어가기로.

다음날 오전 SBS 기자의 전화를 받았다. 제보 들어온 사실이 맞느냐는 확인 전화였다. 짧게 대답했다.

"예 맞습니다."

내 심장 속의 초시계가 돌아가기 시작했다. 째깍째깍째깍.

---

40 2020.8.8. 오전 필자에게 전화를 건 기자는 SBS 사건팀 소속의 정아무개 기자였고 이후 카카오톡을 통해 서너차례 제보내용에 관한 정보와 의견을 교환했다.

편성책임자의 역할

"노조도 못 나서는 걸 당신이 뭐라고 나서는데?"

아내는 반대했다. 팀장급 간부인 내가 H의 발언을 폭로하는 그 자체를 다른 사람들은 순수하게 보지 않을 거라고 아내는 걱정했다.

"당신은 팀장이야. 팀장이면 누가 봐도 간부이고, 간부라면 어떻든 회사 편에서 생각하고 행동하는 사람인데, 그런 사람이 언론에 상사의 발언을 폭로한다면 모르는 사람들은 무슨 알력이나 내부갈등이 있다고 생각하지, 순수한 제보라고는 보지 않을 거야."

그리고 H는 절대로 진실을 인정하지 않을 거라고, 아니라고 딱 잡아떼면 그만이라고, 그게 세상인 걸 나이 오십이 되어서도 모르느냐고 답답해했다.

"녹음된 것도 없잖아. 주변의 진술? 그 자리에 있던 누가 자기 편을 들어주겠어. 다 회사 편을 들지. 그냥 자기만 바보 되고 거짓말쟁이 되는 거라니까."

맞는 말이었다. 엄연한 현실이었다. 아내는 노동조합이 나서면 모를

47

까, 그게 아니라면 접는 게 맞다고 설득했다.

"노조가 나서는 게 맞아. 노조는 그럴 힘도 있고 그럴 권리도 있고 아무도 이상하게 안 봐. 근데 자기가 나서면 이상하게 본다니까. 자기만 고립되고, 직원 중에도 기다렸다는 듯이 자기 자리 차지하는 사람 나올걸? 절대 자기 편에 서주지 않아. 설령 성공해도 '상사 뒤통수친 배신자'로 낙인찍혀서 회사 못 다녀. 대한항공 그 분('땅콩회항'을 폭로한 박창진[41] 승무원) 봐봐. 갑질동영상 있고 소송 이기고 다 했는데도 회사 다니기 어렵잖아. 그런 걸 왜 해? 신입사원도 아니고 나이 오십 먹은 가장이."

나는 단 한 마디도 반박할 수 없었다. 인정하기는 싫지만, 구구절절 맞는 말이었다. 밖에 나와 밤공기를 들이마시며 생각을 정리했다.

'접어야겠다. 괜히 가족들만 힘들게 하느니 차라리 보이지도 않는 알량한 양심 따위, 언론인의 자존심 따위 깔끔하게 접고 내일 아무 일도 없다는 듯 출근해야겠구나.'

그때 전화가 걸려왔다. 윤종화 기자였다. 제보는 없던 거로 하자고 차분히 설득할 생각으로 전화를 받았다. 그런데 전혀 뜻밖의 상황이 펼쳐졌다.

"선배님, 큰일 났습니다."

"너는 맨날 큰일이래냐?"

"아니 진짜 상황이 급박하게 돌아갑니다."

말을 들어보니 정말 큰일이었다. 취재지시로 볼 수 있는 발언까지

---

41 대한항공 객실 승무원으로 일하던 박창진 승무원은 2014년 12월 5일 0시 50분 뉴욕발 한국행 대한항공 KE086 항공편이 공항 활주로로 이동하다 당시 기내에 탑승한 조현아 대한항공 부사장의 지시로 후진한 이른바 '땅콩 회항' 사건의 전말을 언론에 폭로한 제보자. 제보 이후 극심한 스트레스로 인해 생긴 양성 종양을 떼어낸 수술 사실을 밝히기도 했고 인사불이익을 받았다고 주장하며 소송을 제기하기도 했다.

나온 것이다. 8월 8일 목요일 저녁 9시경이었다. 아비꼬 경기방송점에서는 H가 보도1팀장과 보도2팀장(윤종화)을 동석시킨 채 두 명의 경기도 의원들과 식사를 했다. 두 의원 모두 더불어민주당 소속임을 잘 알고 있는 H는 불매운동에 대해 회사에서처럼 직설적으로 말하지는 않았지만, '불매운동으로 선의의 피해를 보는 사람들도 있는 게 사실이다'라는 식으로 완곡하게 불매운동에 대한 우려를 표명했다. 그리고는 동석해 있던 보도1팀장과 보도2팀장에게 '정치적 불매운동으로 인한 선량한 시민 피해 사례를 취재한 기사를 써보라'라는 취지의 말을 했다. 그 자리에 있었던 윤종화 기자가 그날 밤 내게 말해준 내용이었다.

이에 대해 회사 측도 사실관계를 부인하지는 않았다. 훗날 경기방송 측은 2020년 3월 9일 경기지방노동위원회 심문회의에서 당시 H 발언에 대해 이렇게 해명했다.

"무조건적인 일본 상품 불매 운동으로 피해를 보는 사람들이 있으니 취재 아이템이 될 수도 있다고 아이디어를 제공한 것이다."[42]

의견을 제시했을 뿐 취재지시를 내린 것은 아니라는 해명이다. 그것은 말 한 사람의 주장이다. 그러나 그 말을 듣는 기자들도 '의견'으로만 들었을까? H는 보도와 제작과 경영을 총괄하는 직제였다. 경영까지 총괄한다는 의미는 인사권에 막대한 영향력을 가졌음을 뜻한다. 더구나 그는 기자 출신이었다. 보도국장을 역임했고 이후에도 여전히 뉴스제작의 중책을 맡는 사람이라고 소개되고 있었다.

이런 H의 말을 기자들이 어떻게 받아들일지는 독자들의 판단에 맡

---

42 경기지방노동위원회에 보낸 경기방송측의 의견서 답변과 3.9. 심문회의 당일 L 이사가 출석해 증언한 내용을 종합해 기술했다.

긴다. 당시 식사 자리에 동석했던 경기도의원은 훗날 윤종화 기자에게 그날의 심경을 담은 문자를 보내왔다. 위태위태했었다고.

"위태위태하게 말씀을 하시길래 '왜 그럴까' 했었는데 평소 여러 곳에서 그런 의식을 표현했었다는 것이 안타깝네요."[43]

윤 기자와 나는 위태로움을 넘어 '올 것이 왔다'는 심정이었다.

"내용이 중요한 게 아니라 '그의 생각이 기사로 이어진다'는 것이 중요한 거죠. 시작은 늘 청취자 반발이 가장 적은, 무난한 주제를 잡잖아요. '불매운동 선의의 피해' 쪽으로 시작하며 조금씩 높여가는 게 아닐까."(윤종화 기자)

윤 기자와 나는 '이게 시작'이라는 인식을 함께 했다. 그리고 나는 이게 과연 보도만의 문제로 그칠지 고민했다. 그동안 H 본인이 직접 경기도지사의 친형 관련 의혹 등 중요사안부터 평소 자신이 직접 겪은 공항 출입의 문제, 종합병원의 불편사항 등 소소한 사안에 이르기까지 다양한 취재지시를 해왔다. 상당수가 기사화됐다. 기사화가 안 되면 기자들의 불성실을 비판하며 제작쪽 시사프로그램에서 다뤄볼 것을 추천하기도 했다. 때로는 전사적으로 가자며 보도쪽 기사를 제작쪽 진행자들도 청취자들에게 소개하라는 지시를 내리기도 했다. 다른 부서의 일이라고 모른 척했다가 어느새 우리 부서의 일이 되기도 했다. 그럴 때 나는 어떻게 처신해야 할까?

한참을 곰곰이 생각하다가 불현듯 이런 단어가 떠올랐다.

"편성책임자"

생각해보니 내가 편성책임자였다. 방송편성의 자유와 독립을 보장

---

43 자리에 동석했던 원미정 의원은 2019년 8월19일 월요일 오후 6:49분 경 윤종화 기자에게 문자메시지를 보내 위로의 뜻과 함께 그 날 받았던 인상을 표현했다.

하기 위해 선임된 편성책임자. 바로 나였다. 경기방송이 홈페이지에 게시하고 있는 '편성규약'에는 이런 내용이 나온다.

경기방송의 방송편성규약은 새방송법 제4조 [방송편성의 자유와 독립] 및 동법 제106조 1항에 근거하여 제정함. 방송법 제4조(방송편성의 자유와 독립) ① 방송편성의 자유와 독립은 보장된다. ② 누구든지 방송편성에 관하여 이 법 또는 다른 법률에 의하지 아니하고는 어떠한 규제나 간섭을 할 수 없다. ③ 방송사업자는 방송편성책임자를 선임하고, 그 성명을 방송시간내에 매일 1회 이상 공표하여야 하며, 방송편성책임자의 자율적인 방송편성을 보장하여야 한다.

나는 방송편성의 자유와 독립을 지키기 위해 노력해야하는 사람이었다. 그게 내 본분이었다. 그걸 그제서야 깨닫고 있었다.

실명 제보

그날 밤부터 나는 계획을 세웠다. 편성책임자로서 방송의 독립성을 지키는 게 내 본분임을 깨달은 이상, 나는 내부소통 가능성 제로인 이 사안으로부터 편성을 지켜내기 위해 구체적인 제보 계획과 약 10일간의 로드맵을 짜기 시작했다.

8월 11일 토요일, '한국콜마'가 온종일 실시간 검색어 1위였다. 한국콜마라는 화장품 제조회사의 회장이 일본을 두둔하고 대통령을 원색적으로 비난한 극우 유튜버의 영상을 월례조회에 모인 직원들 앞에서 틀게 해 여론의 뭇매를 맞고 있던 것이다. 회사측은 수습하려 했지만, 오히려 더 큰 여론의 역풍을 맞으며 불매운동까지 시작되었고 친일기업이라는 이미지에 협력업체들까지 피해를 보고 있었다. 회사측의 '회장님 구하기'가 회사 전체와 협력업체들까지 어려움에 빠뜨린 것이다.

'오너리스크'

남의 일이 아니었다. 경기방송 최고의 리스크는 H에게 있었다. 너

52

무 휘발성이 강해서 일단 터지면 경기방송 전체가 폭발할 수도 있는 사안의 특성상, 직원들의 피해가 최소화될 방법은 무엇인지 연구해 봤다. 그것은 실명 제보였다. 내 이름과 직함을 당당히 밝히며 제보를 한다면 사람들은 경기방송 전체를 싸잡아서 친일기업으로 비판하는 일은 없을 것이다. 윤종화 기자에게 이러한 내 생각을 밝혔고 윤 기자는 흔쾌히 동의해주었다. 우리는 실명 제보를 하기로 했다.

빠르면 빠를수록 좋습니다

8월 11일 일요일, 준비는 끝났다. 그런데 문제가 생겼다. 몇 차례에 걸쳐 자료를 넘겨받은 SBS 쪽에서 가타부타 연락이 없었다. 기사화를 장담하기 어려운 상황이 된 거다. 이러면 제보하는 치지에서는 답답하기 그지없다. 기사가 안 되는 것은 둘째치고 한시가 급한 마당에 다른 대안을 찾기도 애매하다. 넘어간 자료들의 보안이 제대로 지켜질지 걱정에 걱정이 꼬리를 문다.

중요한 교훈이었다. 늘 제보를 받는 입장이었지 제보를 하는 쪽에서 세상을 바라볼 기회는 흔치 않았으니까. 나중에 우리가 제보를 받는 입장이 된다면 우리를 믿고 제보를 해준 사람들에게, 되면 어디까지 되었고 안되면 어디에서 안된 것인지 단계마다 솔직히 답변해줄 것이다. 그래야 제보하는 쪽도 마냥 기다리지 않고 쿨하게 움직인다.

더는 기다릴 수 없던 우리는 대안을 찾아 나섰다. 제일 먼저 떠오르는 언론인이 있었다. 미디어오늘의 이정호 편집국장. 그는 자타가 공인하는 노동 전문기자다. 몇 해 전 내가 저녁 시사프로그램을 연출할 때 그를 고정출연자로 섭외했었다. 이 방송 저 방송 겹치기 출연하는 시사평론가들 대신 현장의 목소리를 전할 분야별 전문가들로 고정출연진을 꾸리려는 욕심에 여기저기서 추천을 받았는데, 전국언론노조 관계자로부터 처음 그의 이름을 듣게 됐다. 당시 그는 '뉴스타파'에서 노동기사를 쓰고 있었는데, 잘 모르는 내가 봐도 그의 기사는 현장의 목소리와 정책적 과제가 세밀하게 어우러진 웰메이드 기사였다. 나는 바로 그를 섭외했고, 그는 매주 월요일 저녁 10여 분간 전화인터뷰를 통해 구의역 참사, 산업연수생 사건, 직장 내 갑질 사례 등 다양한 현장의 이야기들을 검색이 아닌 자신의 취재 경험을 통해 들려줬다. 지긋한 나이에도 여전히 발로 뛰며 기사를 쓰는 현장파였다. 그런 그에게 바로 전화를 하고 싶었다. 그러나 망설여지는 부분이 있었다. 그가 속한 미디어오늘과 경기방송과의 관계 때문이었다.

미디어오늘은 지난 2015년 경기방송 보도국에 입사했던 7명의 인턴 및 경력 기자들이 전원퇴사하는 과정에 관한 이른바 '인턴기자 갑질의혹'을 제기했다. 경기방송은 왜곡보도라며 민사소송을 제기했다. 매우 치열한 논란이었다. 당시 뉴스타파 소속으로 경기방송에 출연해 온 이정호 기자도 미디어오늘 편집국장으로 자리를 옮기며 양사의 관계를 알게 되자 스스로 방송 출연을 내려놓을 정도였으니까.

그렇게 연락을 딱 끊고 미디어오늘로 간 그였다. 그런 그에게 내가 제보한다면 그는 상당히 난감해할 게 뻔했다. 미디어오늘에서 우리의 제보를 다루게 된다면 기사의 사실 여부와 관계없이 불필요한 오해를 사게 되기 때문이다. 회사는 '적대적인 언론사에 왜곡된 제보를 했다'라며 우리를 공격할 것이 불 보듯 뻔했다. 실제로 훗날 경기방송은 그런 논리로 나와 윤종화를 허위사실 유포자로 몰아갔다. 그럴줄 알면서도 나는 결국 이정호 국장에게 전화했다. 그만큼 절박했고 그만큼 그의 객관적 판단을 믿었기 때문이다. 내 전화를 받자 이정호 국장 역시 비슷한 고민에 휩싸인 듯했다. 진위에 상관없이 경기방송 공격용 아니냐는 오해는 받기 싫다는 것이리라.

나는 그 입장 충분히 이해한다고 말했다. 혹시나하고 전화드렸으니 부담 없이 검토만 해주셔도 보안만 지켜주시면 감사드리겠다고 말했다. 그러자 그는, 일단 회의에 올려 논의해보겠지만 기사화된다는 장담은 드릴 수는 없다며 양해를 구했다. 나는 거듭 이해한다며 감사 인사를 드렸다. 그리고는 또 다른 언론사를 알아보기 시작했다.

다음날 오전, 이정호 국장이 전화했다.

"아침에 회의했는데, 직접 만나 뵙고 (기사화를) 결정하면 좋을 것 같습니다. 기사가 안 될 수도 있고요."

"언제 뵐까요?"

"빠르면 빠를수록 좋습니다. 오늘 점심 어떻습니까?"

8월 12일 월요일 점심시간, 비가 부슬부슬 내렸다. 나와 윤종화 기자는 근무시간 준수를 위해 점심을 거르고 미디어오늘 기자를 만났다. 이정호 국장은 '사안의 특성상 미디어오늘에서 제일 꼼꼼하게 기사 쓰는 데스크급 기자'라며 이재진 팀장을 소개했다.

이 팀장은 우리 얼굴을 보더니 후, 하며 한숨부터 쉬었다. 난감해하는 표정이었다. 수첩을 꺼내더니 이것저것 물어보며 메모를 했다. 주로 우리가 미리 보낸 제보내용 중 이해되지 않거나 모호한 부분에 관한 질문이었다. 특히 제보를 하게 된 동기를 집중적으로 물었다. 질문을 던지고는 대답하는 우리의 눈을 찬찬히 살폈다. 진심을 꺼내 달라는 듯이.

30~40분가량 이모저모 물어본 이재진 기자(팀장)는 고민스럽다는 표정으로 이렇게 말했다.

"잘 아시겠지만, 당시 발언을 녹음한 파일이 없으므로 제보의 진실성을 의심받게 됩니다. 쓰는 저희로서도 법적 다툼까지 고려하지 않을 수 없습니다."

충분히 이해되는 고민이었다. 입장 바꿔서 나라도 그랬을 것이다. 나는 바로 말했다.

"실명 제보하겠습니다. 저희 이름 걸고 제보의 진실성을 담보하겠다는 것이고요, 그렇게 하면 한국콜마처럼 애꿎은 직원들이나 회사 전체가 도매금으로 비난받고 폭파되는 일도 없을 테고."

"실명 인터뷰로 기사가 나가면 두 분의 이름과 직위까지 써야 하는데 정말 괜찮으시겠어요?"

"예. 어차피 회사에서는 제보자가 누군지 색출할텐데 괜히 다른 직원들 고초당하게 하고 싶지 않습니다. 실명 밝혀주십쇼."

이재진 기자는 다시 한번 우리 눈을 봤다. 우리도 그의 눈을 봤다.

"여기까지 하고 저희는 바로 확인 취재 들어가겠습니다."

이재진 기자는 중간중간 궁금한 것은 전화나 카톡으로 질문하겠으니 휴대전화를 꼭 켜놓으라고 당부했다. 우리 제보내용을 추가로 확인해볼 것이고, 오늘 중으로 H와 대표이사에게 사실관계를 묻는 전화를 할 수도 있다고 말했다.

그 말에 심장이 쿵쾅거렸다. 이제부터 어떤 상황이 전개될지, 지옥의 문이 열린 것인지 진실의 문이 열린 것인지 알 수 없었다.

저의가 뭐냐

그날 밤, 두 사람의 전화를 받았다. 미디어오늘의 취재 전화를 받은 대표이사와 H임원이었다. 박영재 대표이사가 먼저 전화를 걸어왔다. 밤 7시 51분 경이었다. H의 발언이 그날 좀 심했다는 것은 자신도 인정한다며, 그렇지만 너무 극단적으로 치닫지 말고 회사를 위해 잘해보자는 중재성 발언이었다.

"좀 심하다, 이런 걸 나도 이제 느끼긴 했지. 근데 그런 것들은 서로 조율을 해가면 되지 않을까? (중략) H도 많이 조심할 거 같고, H 내 친구인데 그동안 내가 외부적으로 신경 많이 썼는데 H하고도 진지하게 이번 기회로 이야기할 거고, 나는 노 부장의 충심을 아니까 같이, 하여튼 같이 잘했으면 좋겠어 나는."[44]

어떻게든 대화로서 문제를 해결해보려는 진심이 느껴졌다. 나는 간부로서 송구스럽다는 마음을 표현했다. 그랬더니 박영재 대표이사는 어떻게 보면 이번 일이 전화위복의 계기가 될 거라며 함께 뜻을 모아

---

44 박영재 당시 대표이사, 2019월 8월 12일

가자는 말을 반복했다.

"우리 회사를 위해 전화위복이 될 수도 있다고 생각을 하고."

"저도 그랬으면 좋겠습니다."

박영재 대표이사는 빠른 시일 내에 H임원과 함께 대화로 풀어나갈 자리를 마련해보겠며 전화를 끊었다. 그리고는 5분도 지나지 않아 H의 전화가 왔다. 밤 8시 5분 경이었다.[45] 그는 내가 전화를 받자마자 이렇게 말했다.

"노 부장님, 뭐 서운한 거 있어요? 나한테?"

"없습니다."

"그런데 왜 그래요?"

그는 제보를 납득할 수 없다며 몇 번이나 '나에게 감정있느냐'라고 물었다.

"노 팀장님 나한테 감정이 있는 거 같아."

"없습니다."

"그런데 왜 그래요? 아니 왜 그러시냐고?"

"…."

"나 하나 죽이면 돼요? 내가 떠나면 되잖아요. 왜 회사를 망가뜨리려고 그래요? 그건 아니잖아요. 대화하면 되지. 기분 나쁜 게 있으면. 이건 아닌 것 같습니다. 왜곡된 것도 있는 거 같고."

그는 제보의 저의가 뭔지 계속 물었다. 마치 취재를 하듯. 왜 내부에서 충분히 대화로 풀 수 있는 문제를 회사와 적대적인 미디어오늘에 제보해 회사를 망가뜨리려 하느냐는 쪽으로 몰고 갔다.

---

45 2019.8.12. 저녁에 대표이사와 H사 필자에게 걸어온 전화통화 내용은 휴대폰 녹음을 통해 녹취록을 통해 부당해고 여부를 다투던 경기지방노동위원회에 제출되었고 그 녹취록 중 일부를 이 책에 기술했다.

"저 혈압 올라 뒤지는 거 보고 싶어서 일부러 그러는 거죠? 나를 때려죽이고 싶다, 이거 아니에요?"

"아닙니다."

"나한테 감정 있네. 왜 이상한 프레임으로 회사를 엮으려 그럽니까? 나는 내 의사 말도 못 합니까? 오해도 있는 것 같고 왜곡도 된 거 같고, 그럼 정확하게 따져야죠. 물어도 보고, 그게 저널리스트 아니에요?"

감정 없습니다, 드릴 말씀이 없습니다, 드릴 말씀이 없습니다, 나는 계속 이 말밖에 할 수 없었다. 그는 '내일 얼굴 보고 이야기하자'라며 전화를 끊었다. 그러나 그 후 그와 대화를 나눌 기회는 없었다.

실시간 뉴스 검색어 2위

8월 13일 화요일 오전 10시경, CBS 노컷뉴스의 취재기자가 찾아왔다. 방송국 근처에서 차를 마시며 인터뷰 했다. 나는 인터뷰에 들어가기 전에 한가지 불편한 질문을 던졌다.

"제보하는 처지에서는 모든 것이 조심스러워서 여쭤보는데, 혹시라도 CBS나 노컷뉴스가 경기도에서 경기방송과 경쟁 관계에 있다는 이유로 저희를 취재하시는 것은 아니신지."

"전혀요. 전혀 그런 거 아니고, 뭐 꼬투리 잡는 쪽에선 그렇게 말할 수도 있겠지만 저는 그런 거 없이 기사에만 집중합니다."

"고맙습니다."

굉장히 기분 나쁘게 들렸을 것이다. 하지만 나는 그 질문을 던지고 넘어가야 했다. 분명히 회사쪽에서는 기사 내용보다는 기사를 보도하는 스피커의 문제를 걸고넘어질 테니까, 미디어오늘은 우리와 적대적인 언론이었고 CBS 노컷은 우리와 경쟁사였다는 식으로. 하지만 윤철원 기자는 시종일관 쿨하게 사실관계 확인에만 집중해 인터뷰를 진행했다. 약 30~40분간 이모저모를 묻고 난 뒤 서둘러 일어섰다. H에게 전화를 걸어 확인하는 게 관건이라며 서둘러 회사로 돌아갔다.

그리고 오전 11시 9분, 미디어오늘의 1보 기사가 올라왔다.

'총선 이기려 우매한 국민 속이고 반일 몰아간다' 경기방송 간부, 수차례 정부와 불매운동 비하에 동석자들 실명 증언[46]

기사에서 눈여겨본 것은 H의 반론이었다. 그는 미디어오늘 이재진 기자에게 어떻게 말했을까? 미디어오늘 기사에서 그는 우선 우리의 제보가, 일전에 본인에게 야단맞은 것을 물타기 하려는 속셈으로 한 것 같다는 독창적인 논리를 펼쳤다.

"회사에서 연봉제로 통일하는 방안을 추진 중인데 노조 회의에서 반대한다는 의견이 만장일치로 나와서 '왜 관리자가 돼서 제대로 설명을 못 하냐'고 야단쳤는데, 그게 발단이 돼 팀장들이 물타기 하려는 방책 같다."[47]

그러나 핵심 내용인 '문재인 때려죽이고 싶다'는 문제 발언 내용에 H는 명확하게 부인하지 못했다.

"요지는 문재인 정권과 민주당을 욕하는 유튜브가 많고, 그 예로 유튜브에 있는 내용을 얘기해 준 것이다."[48]

7월 회식 자리에서 '1965년 한일협정 때 다 합의된 거다'라며 우리나라 대법원의 강제징용 판결을 비판했던 발언을 두고 그는 기억이 나지 않는다면서도 그날의 발언과 일맥상통하는 소신을 밝혔다.

---

46 이재진, 「총선 이기려 우매한 국민 속이고 반일 몰아간다」 (미디어오늘, 2019.08.13)
47 이재진, 「총선 이기려 우매한 국민 속이고 반일 몰아간다」 (미디어오늘, 2019.08.13)
48 이재진, 「총선 이기려 우매한 국민 속이고 반일 몰아간다」 (미디어오늘, 2019.08.13)

"관련 발언은 솔직히 기억이 안 난다. 어쨌든 과거 정권과 대통령이 외교적인 합의를 했다면, 그것을 파기 및 무효화시킨 것은 신뢰에 문제가 있다는 제 생각을 말했다."[49]

다만 '문재인 무식하면 용감하다'라는 간부회의 발언에 대해서는 그런 말을 한 적이 없다며 부인했다. 그러나 미디어오늘은 간부회의 당시 H임원의 발언을 기록한 윤종화 기자의 업무수첩 메모 '문 무식하면 용감하다'를 기사에 첨부했다.

"H의 전권행사는 방송사 경영과 편집(보도) 분리 원칙에 어긋난 인사라는 지적도 있다."[50]

미디어오늘은 우리 진술을 방통위 추가취재를 통해 확인하여 H의 전권행사는 방송통신위원회가 천명한 보도/경영 분리 원칙에 어긋남을 지적했다.

"방송통신위원회는 지난 2013년 경기방송 재허가 과정에서 H가 보도 국장과 경영지원국장을 겸임하는 것을 지적하고 '보도 공정성을 위해 겸직하지 말 것'을 조건으로 내걸었다. 조건은 강제 사항이다. 하지만 지난 2014년 1월 국장 위 직함을 새로 만들어 현 H사 보도 팀장과 제작팀장, 기술팀장, 경영팀장의 의사결정을 지휘하는 자리에 있다는 게 경기방송 구성원들의 증언이다."[51]

---

49 이재진, 「총선 이기려 우매한 국민 속이고 반일 몰아간다」, (미디어오늘, 2019.08.13)
50 이재진, 「총선 이기려 우매한 국민 속이고 반일 몰아간다」, (미디어오늘, 2019.08.13)
51 이재진, 「총선 이기려 우매한 국민 속이고 반일 몰아간다」, (미디어오늘, 2019.08.13)

이 부분은 일반인들에게는 생소하지만, 방송 사유화를 막는 데 있어 굉장히 중요하고 심각한 지적이기에 다음 순서에서 자세히 논하도록 하겠다. 미디어오늘의 기사가 나온 뒤 3시간여가 지난 오후 2시 12분, CBS 노컷뉴스의 기사가 나왔다.

"불매운동 성공한 적 있나" 경기방송 간부 친일 막말 논란[52]

윤철원 기자는 대통령과 정치권에 대한 발언 내용보다는 '우매한 국민'이라는 표현 뒤에 숨겨진 불매운동 비하 논리에 주목하여 기사를 전개해나갔다.

"경기방송의 한 고위 간부가 친일 막말을 넘어 국민을 '우매하다'라고 비하하는 발언을 했다는 주장이 제기돼 논란이 일고 있다. (중략) 간부급 직원 8명에게 '불매운동 100년간 성공한 적 없다. 물산장려니 국채보상이니 성공한 게 뭐 있나'라며 발언한 것으로 전해졌다."

H임원이 노컷뉴스에는 뭐라고 해명했을지 궁금해서 기사를 죽 읽어내려갔는데, 그의 해명은 찾아볼 수 없었다. 아예 기자의 전화를 받지 않은 것이다.

"CBS 노컷뉴스는 H에게 친일과 국민 비하 발언에 대한 해명을 듣기 위해 수차례 통화를 시도하고 메시지를 남겼지만, 연결이 되지 않았다."

---

52 윤철원, 「"불매운동 성공한 적 있나" 경기방송 간부 친일 막말 논란」(노컷뉴스, 2019.8.13)

오후 들어 트위터에서 기사 리트윗이 눈에 띄게 늘어났다. 포털사이트별로 최소 수백 개에서 많게는 3천 개가 넘는 댓글이 달렸다. 오후 5시경 포털사이트 D의 실시간뉴스 검색어 순위에서 '경기방송'이라는 검색어가 2위를 기록하고 있었다.

지자체도 민감하게 반응했다. 수원시와 성남시는 경기방송 소속 출입 기자에게 연락을 취해 이 사안의 경위와 입장을 문의했다. 나와 윤종화는 기사에 달린 댓글 반응을 조심스럽게 살펴봤다. 경기방송 전체를 싸잡아 비판하는 댓글은 거의 없었다. 다행이었다. 실명제보가 조금이나마 기여했음에 의미를 두었다.

심야의 방통위 진상조사

그날 밤 11시경, 모르는 번호에서 전화가 걸려왔다. 02로 시작하는 번호였다.

"늦은 시간에 죄송합니다. 방송통신위원회 OOO 사무관입니다."

지상파 방송정책국 소속 사무관이었다. 경기방송이나 KBS, MBC 같은 지상파 방송의 재허가를 담당하는 소관부서이기도 했다. 이날 나온 언론 보도를 보고 진상파악에 나섰다며 내게 다음과 같은 사항을 물었다.

- 발언의 사실관계 확인
- H와 최대주주와의 관계
- 회사 및 사장의 입장
- 향후 계획

이 가운데 내가 답할 수 없는 항목도 많았다. 모르는 것은 모른다고,

하지만 최대한 성실하고 정확히 써서 서면으로 제출했다. 이메일을 보내고 나니 새벽 1시가 넘었다. 방통위 사무관은 그때까지 나의 답신을 기다리고 있었다. 그만큼 방통위가 이 사안을 중요하게 보고 있었다는 방증 아닐까. 방통위는 이런 의문을 품고 있었다.

1. H의 발언 내용이 사실인가?
2. 어떻게 대표이사도 아닌, 방통위에 신고되지 않은 간부가 보도, 제작, 경영 전반에 막강한 영향력을 행사할 수 있는가?
3. 주식을 8.5% 보유한 5대 주주가 임원을 겸임하는 현실이 방송사의 소유경영 분리 원칙에 맞는가?

여기서 1번 의문을 제외하고 나머지 2번과 3번 의문은 사실 새로운 의문이 아니다. 과거 박근혜 정부 시절의 방통위도 경기방송에 비슷한 맥락의 의문을 던지며 개선을 요구했었다. 2013년 경기방송에 대한 재허가 심사가 이뤄지던 방송통신위원회에서는[53] 청문회를 방불케할 만큼 재허가 심사위원들의 날카로운 질문이 쏟아졌다. 그중 많은 질문이 보도국장이 경영국장까지 겸직하는 것은 보도 프로그램 공정성을 해칠 소지가 크지 않으냐는 내용이었다.

"보도국장이 경영국장을 겸임한다는 것은 막말로 광고 따오는 사람이 보도 기자들을 지휘한다는 것인데, 어떻게 보도가 독립적이고 공정하게 진행될까요?"

경기방송의 답변은 궁색했다. 이후 조건부 재허가 결정이 나오면서

---

53 2013.12. 방송통신위원회에 경기방송 편성책임자로서 출석한 필자는 당시 대표이사로 재임하던 김방자 대표이사와 함께 앉아 질문에 대답했고 필자의 뒷좌석에는 H, 경영팀장, 사업마케팅 팀장 등 주요 간부들이 배석하고 있었다.

방통위는 경기방송에 강력한 이행조건을 부과했다. 보도국장이 경영국장을 겸임하는 겸직체제를 없애고 결과를 한 달 내에 보고하라는 조건이었다.[54]

경기방송은 인사발령을 통해 겸직체제를 해소하였다는 결과를 방통위에 제출했다. 그러나 겸직을 해소한 것이 아니라 겸직을 해소한 것처럼 보여주는 조치였다. H임원은 새로 신설된 중직을 맡아 보도, 제작, 경영, 기술, 인사에 더 많은 영향력을 행사하게 된 것이다.

이런 구조에서 방통위가 우려하던 보도의 독립성 훼손이 일상적으로 일어났다. 회사매출 극대화를 위해 보도국 기자들을 지자체 광고 영업에 동원하는 것도 업무지시를 통해 이뤄졌다.

2019년 1월 21일, H가 각 부서 팀장들에게 보낸 지시사항 카톡 내용을 보면 아래와 같다.[55]

(지시사항)

- 보도 : 2019년 '예산 계획' 제출.

- 조만간 출입처 큰 폭 조정. 기사, '실적' 반영 후 조정 예정

- 해수부 및 북부권, 인천. '신규 예산' 활성화시킬 것. 경인방송 OBS는 경기도권에서 활발.

---

54 2013년 재허가 당시 방송통신위원회가 경기방송에 부여한 재허가 조건내용은 3년 뒤인 2016년 경기방송이 방통위에 재허가 심사를 받기 위해 제출한 서류에 명시되어 있다. 총 251쪽으로 제출된 서류의 작성주체는 (주)경기방송으로 서류명은 '재허가신청서① 지상파방송사업자 재허가 신청서 최종본'이며 발간일은 2016년 12월27일, 책에 기술된 해당내용은 자료의 197쪽에 '2013년 재허가지 조건 및 권고사항 이행실적('14~'16)'이라는 소제목으로 기술되어 있다.

55 2019년 1월21일 월요일 오전 당시 해외출장 중이던 H가 경기방송 간부 단톡방에 올린 해당 지시사항은 거의 모든 부서업무에 대한 총괄적이고 구체적인 내용을 담고 있다. 이처럼 H는 매주 월요일 진행되어온 간부회의에서 모든 부서 팀장들의 업무보고를 청취한 뒤 부서별로 구체적인 지시를 내려왔고 대표이사는 회의에 들어오지 않거나 들어오더라도 거의 입장을 밝히지 않아왔다. H는 자신을 최고운영자를 뜻하는 COO라고 불렀다.

- 마케팅. 지자체 '계약' 챙길 것.

- 경영. 설선물 택배 마무리.

- 결산공고는 홈페이지에

- 자회사에도 전할 것.

 (이하 중략)

위 내용에서 경기방송 직원들만 알고 있는 은어가 있는데, '예산 계획'이라 함은 각 기자별로 올해는 자신이 출입하는 지방자치단체에서 얼마의 홍보비를 경기방송 쪽으로 가져올 것인지 목표액과 계획을 작성해 회사에 보고하라는 말이다.

'실적'이란 지난해 기자별로 지자체 홍보비를 끌어온 성과를 검토하여 이를 출입처 조정의 기준으로 반영하겠다는 것이다. '신규 예산'이라 함은 경기방송에 대한 홍보비 집행이 상대적으로 취약한 중앙정부 기관이나 경기 북부지역의 지자체, 인천지역을 기자들이 열심히 다니면서 새로운 홍보비 집행을 창출해보라는 말이다. 마케팅팀더러 '계약'을 챙기라 함은 기자들이 열심히 공무원들과 협의해 만들어 놓은 홍보성 예산을 계약서로 작성하고 도장 찍는 서류작업을 놓치지 말고 해내라는 말이다.

6년 전 방통위가 해소하라고 명령한 겸직체제는 해소되기는커녕 더 공고해졌던 것이다. 이런 문제들이 2019년 겨울의 재허가 심사를 앞두고 터져 나오고 있었다.

청취자들의 항의와 규탄성명

8월 14일 화요일, 아침부터 애청자들의 항의 문자가 생방송 스튜디오로 날아들기 시작했다. 다양한 삶의 현장에서 경기방송 라디오를 진심으로 사랑하는 분들의 의견이었기에 더 무겁게 다가왔다.

택배기사 박OO 씨는 '안 그래도 경기방송의 뉴스나 시사프로그램을 들으면서 의아한 생각이 들었다.'라며 실망감을 표현했다.

"경기방송 애청자로서, 안 그래도 경기방송을 들으면서 의아한 생각이 들었는데, 다 이유가 있었군요. 요즘 무엇보다 가장 민감한 이슈가 한일 간 경제보복인데, 경기방송의 뉴스나 시사프로를 듣다 보면 이 문제에 대해서는 거의 다루지 않고 있다는 것을 느꼈는데, 저만의 생각인지 묻고 싶습니다. 오늘 타 언론매체를 읽다가 경기방송이 민감한 이슈를 다루지 않는 데는 그런 실세의 입김이 작용했다는 생각에 실망하지 않을 수 없습니다."[56]

주부 노OO 씨는 H의 발언이 사실이라면 그것은 정치적 편향이 많

---

[56] 청취자들이 보낸 항의문자는 2019.8.14. 오전 10시경 필자가 경기방송 생방송 스튜디오에 설치된 문자서비스 사이트에서 발췌한 것들로 청취자들의 항의문자는 이후에도 많이 답지했다.

지 않은 자신도 납득하기 힘들다며 책임 있는 조치를 요구했다.

"정치적인 편향이 그리 많지 않은 저로서도 이해하기 힘든 발언입니다. 진실을 가릴 수는 없습니다. 역사까지도 왜곡하는 발언의 저의를 도저히 받아들일 수가 없네요. 빠른 사과와 발언에 대한 책임을 촉구하는 바입니다."

한 청취자는 경기방송이 집 근처에 있음을 자랑으로 여겨왔기에 더 아쉽다며 문자발송요금 100원도 아깝다며 분노를 표현했다.

"경기방송은 일본 경제침략 조치에 대해서 논할 자격이 없습니다. 그 용기가 어디서 나왔는지 알 것 같습니다. 돈 100원도 아깝습니다. 집 앞에 있는 경방 자랑스럽게 생각했는데 아쉽습니다."

남양주의 택시기사는 이런 질문을 던졌다.

"경기방송 더 들어야 하나요? 말아야 하나요?"

청취자의 질문에 대해 나는 생방송 문자답신을 통해 '경기방송은 자정 능력이 있으니 믿고 들어주십시오.'라고 답했다. 당시 경기방송 노동조합이 사안의 심각성을 절감하며 긴급총회를 소집하는 등 경기방송 내부의 자정 노력이 시작되고 있었기 때문이다.

정치권의 규탄성명도 이어졌다. 경기도의회에서 절대다수를 점하고 있는 더불어민주당 소속 의원들은 의회에서 기자회견을 하고 '엄중한 시기에 국민을 욕보이는 친일행각 결코 좌시하지 않겠다'라는 제목의 성명서를 통해 방송사 측의 납득할만한 조치가 있을 때까지 출연 거부 등 강력히 대응하겠다는 뜻을 전했다.

"구한말 나라가 위기에 처했을 때, 망국을 재촉한 것은 외세와 결탁한 지배층이 아니었던가? 기미년 3월 1일, '대한 독립 만세'를 부르며 일제에 항거한 민중들을 미개인이라 폄하하며, '내선일체', '황국보은'을 위해 전쟁터로 나가라고 내몬 자들은 이처럼 민심을 왜곡한 언론인, 비열한 지식인이 아니었던가?"[57]

더불어민주당 경기도당도 이날 오후 성명서를 내고 8월 14일 위안부 기림의 날 충격을 금할 수 없다며 이번 사태를 절대 좌시하지 않겠다는 뜻을 전했다.

"경기도민에게 큰 영향력을 가진 언론사 간부가 국민의 올바른 판단을 통해 건전한 국민 여론 형성에 이바지해야 할 책임과 의무를 저버린 채, 경제침략 당사자인 아베 정권과 혐한 세력의 입장을 두둔하는 막말을 쏟아내고 있음에 국민은 격노하고 있다. 이는 경기방송의 신뢰성을 무너뜨리는 행위일 뿐만 아니라, '불편부당 정론직필'이라는 다른 모든 언론인의 정신마저 훼손시키는 자기파괴 행위와 다름없다. 더불어민주당 경기도당은 이번 사태를 절대 좌시하지 않을 것이다. 국민 앞에 당장 사죄하라. 그리고 경기방송 H임원에 대해 납득할 만한 조치가 없다면, 경기도당은 경기도민과 함께 강력한 조치로 대응할 것임을 거듭 밝힌다."[58]

57 경기도의회 더불어민주당 성명서 '엄중한 시기에 국민을 욕보이는 친일행각, 결코 좌시하지 않겠다!' (경기도의회 더불어민주당 대변인실, 2019.8.14)
58 더불어민주당 경기도당 성명서 '대통령을 폄훼하고 국민까지 우롱한 경기방송 H임원은 친일행각을 당장 그만두고 국민께 사죄하라' (더불어민주당 경기도당 누리집, 2019.8.14)

보도개입의 메커니즘

8월 14일 오후 3시경, 미디어오늘의 2보 기사가 나왔다. H가 경기 방송 보도에 어떤 식으로 막대한 영향력을 행사해왔는지 폭로하는 기사였다.

경기방송 H임원 "추혜선 비판기사 안 쓰면 중징계"[59]

이 기사는 나와 윤종화가 미디어오늘에 최초 제보를 하던 날(8월 12일) 시작됐다. 그날 이재진 기자는 '그가 어떤 지위인데 내부에서 못 풀고 외부제보를 하느냐', '그의 보도지시를 거부할 수는 없는 현실이냐'를 물었고, 우리는 몇 가지 사례를 들었다.

2017년 7월 14일경, H는 자신의 집무실로 윤종화 기자를 불렀다. 정의당 추혜선 의원에 대한 비판기사를 쓰라고 지시했다. 추 의원은 당시 경기방송이 경기도의 교통방송 관련 협찬예산을 과다하게 받으며

59　이재진, 경기방송 "추혜선 비판 기사 안 쓰면 중징계" (미디어오늘, 2019.8.14)

부실하게 운영한다는 의혹을 제기한 미디어오늘 기자에게 관련 자료를 제공한 국회의원이었다. 자료는 경기도청으로부터 받은 '2016 라디오 방송 매체를 활용한 교통정보 제공계획' 문건 중 교통방송 예산 내역으로, 미디어오늘은 이를 근거로 경기방송이 10여 년간 경기도 교통방송 예산의 87% 수준을 배정받아왔다고 보도했다. H임원은 자사의 협찬사업을 비판한 미디어오늘에 대해 법적 대응을 하는 한편, 자료를 제공한 추혜선 의원을 비판기사의 과녁으로 정조준한 것이다. 이에 대해 윤종화 기자는 강한 우려를 표시했다.

"(비판기사를 쓰면) 사태가 더 악화된다며 정치부 기자로서의 의견을 말씀드렸어요. 향후 국정감사에 경기방송 문제가 의제에 오르는 등 상황이 악화할 수 있다고."

당시 경기방송 5층 H의 집무실에는 H임원과 L팀장, B팀장이 동석하고 있었고, 윤 기자는 자신의 업무수첩에 H의 지시사항과 이에 대한 우려 사항을 메모하며 응대했다. 하지만 기자의 우려에도 불구하고 H는 뜻을 굽히지 않았다. 비판기사를 써라. 일단 알겠다고 답하고 자리를 빠져나온 윤 기자는 4층 보도국에서 선배인 보도1팀장과 우려 사항을 의논했다. 아무리 생각해봐도 비판의 명분이 약했고, 경기방송에 안 좋은 일이 벌어질 게 불을 보듯 뻔했기 때문이다. 윤 기자의 의견에 공감한 보도1팀장은 '다시 한번 H께 말씀드려보자'라며 윤 기자와 함께 H의 방으로 올라가 이야기했으나, H는 불같이 화를 내며 징계까지 언급했다. 윤종화 기자는 그의 모습을 이렇게 표현했다.

"본인 책상 위에 있던 A4 용지를 집어 던지면서, '쓰고 싶지 않으면 쓰지 마라, 안 쓰면 중징계 내릴 거니까'라고 화를 내셨어요. 더는 말을 못 했습니다."

이후 윤 기자는 마지못해 기사를 썼다. 그런데 방송 직후 H에게 연락이 왔다. 반드시 추혜선 의원 본인의 인터뷰를 따서 기사를 쓰라고.

"왜 추혜선 의원 본인의 인터뷰를 따지 않고 비서관 인터뷰로 대체했느냐, 반드시 추 의원 본인의 인터뷰를 집어넣어 기사를 내보내라."

결국 윤 기자는 국회의사당으로 찾아가서 추혜선 의원을 만났다. 추혜선 의원을 인터뷰했고, 이는 2017년 7월 17일 저녁종합뉴스 시간에 방송되었다.

"지역방송 죽이기 미디어오늘, 추혜선 의원실, 엄중 책임 물을 것"[60]

기사의 제목만 보면 미디어오늘과 추혜선 의원에 대한 엄청난 의혹을 폭로하는 기사처럼 보인다. 그러나 정작 기사 본문에는 도대체 추혜선 의원이 어떤 잘못을 했고 무슨 비판을 받고 있는지 제대로 적시되지 않은 이상한 기사였다. 3분에 달하는 장황한 분량 중 인터뷰는 딱 하나, 추혜선 의원의 인터뷰뿐이었다. 오직 한 사람에게 보여주기 위한 뉴스였기 때문이다. 추혜선 의원은 당시 자신을 인터뷰하러 온 경기방송 기자(윤종화)가 자신에게 미안해하는 태도를 보고 뭔가 큰 힘이 억누르고 있구나, 생각했다고 밝혔다.

"당시 문제는 지역방송이 지자체와 결탁이 있으면 무슨 방송을 할 수 있었겠냐는 것이었는데, 보도가 나온 후 경기방송 구성원이 의원실로 찾

---

60 윤종화, 경기방송, "'지역방송 죽이기' 미디어오늘, 추혜선 의원실, 엄중 책임 물을 것" (경기방송, 2017년 7월 17일 저녁종합뉴스 방송)

아왔다. 그 자리에서 제가 '이런 문제가 있는데 왜 내부에서 자정이 되지 않느냐'라고 했는데 구성원들이 곤혹스럽다며 어렵다고 하더라. 오히려 미안해하는 태도를 보고 구성원을 집요하게 억누르는 큰 힘이 있구나 생각했는데 그게 H임원이었던 것 같다."[61]

타사의 언론보도를 내리게 하라는 지시도 내려왔다. 2019년 1월 11일경이었다. 당시 경기방송 K 기자의 청와대 신년 기자회견 질문 논란과 관련해 경기방송에 항의 전화가 쇄도하고 관련 키워드가 실시간 검색어 상위권에 올라있었다. 이때 부산일보는 온라인판 기사에서 이 사실을 전하며 H임원과 관련된 논란을 언급했다.[62] 논란의 K 기자가 속한 경기방송을 알고 보니 지난 2015년 신입 기자들이 전원 퇴사해 채용 갑질 논란을 빚었던 곳이고 당시 채용 갑질을 취재하던 기자에게 경기방송의 H는 '꺼져라' 등의 문자를 보냈었다는 내용이었다.

"과거 경기방송의 채용 갑질 정황도 다시 관심을 모으고 있다. (중략) 미디어오늘은 이같은 보도를 한 뒤 반론 입장을 요청하자 경기방송 H가 "꺼져라", "연봉이 얼마냐"라고 문자를 보내는 등 격분했다고 전했다."[63]

기자협회장이라도 부하 직원이면
비판기사라기보다는 실검순위가 높은 검색어에 대한 이런저런 뒷이야기를 전하는 가십성 기사였다. 그러나 H의 반응은 달랐다. 그는

61 이재진, 경기방송 <추혜선 비판 기사 안 쓰면 중징계> (미디어오늘, 2019.8.14)
62 조경건, K 기자 태도 논란에 소속 경기방송 항의 쇄도…'채용갑질'도 재조명 (부산일보 부산닷컴, 2019.1.10)
63 조경건, K 기자 태도 논란에 소속 경기방송 항의 쇄도…'채용갑질'도 재조명 (부산일보 부산닷컴, 2019.1.10)

당시 경기방송 기자협회장이던 윤종화 기자에게, '부산일보 기자협회장에게 연락해서 해당 기사를 삭제하도록 하고, 삭제하지 않으면 반드시 소송 걸겠다는 뜻을 전하라'라는 취지의 지시를 내렸다. 이 역시 부적절한 지시였다. 기사에 대한 문제 제기는 기사를 쓴 해당 기자나 편집국장과 논의할 일이지 기자협회가 나설 일이 아니다. 기자협회는 기자의 독립적인 취재를 보호하는 단체이지 압력단체가 아니기 때문이다. 그러나 H는 막무가내였다.

1월 11일, 윤종화 기자협회장이 마지못해 부산일보 기자협회장과 전화통화를 한 뒤 H임원에게 카톡 메시지로 관련 상황을 보고했는데, 이에 대한 H의 답변은 아래와 같았다.

기자협회장(윤종화) : 부산일보 지회장하고 통화했습니다. 신경 쓰겠다고 내부적으로 얘기하겠답니다.

H : 소송 얘기는? 그리고 K 기자 질문 건하고 그 기사가 무슨 조화가 된다고 씹탱이들이 일부러. (부산일보 기자협회에서) 신경 쓴다는 게 그 부분을 지운다는 건가?

기자협회장(윤종화) : 그건 확답을 안 했습니다.

H : 다시 전화해서 오늘 내로 그 부분 삭제 안 하면 반드시 소송 들어간다고 해.

기자협회장(윤종화) : 잘 얘기해보겠습니다. (부산일보 기자협회에서) 그 부분은 데스크 간에 얘기했으면 좋겠다고 합니다. 협회 차원에서 기사를 어떻게 하라고 강제할 수는 없답니다.

H : 그럼 데스크에 얘기해야지. 미친 새끼들이네. 전화 왔다고 전달

도 못 하나.[64]

 개인의 관심 사안을 기사들에게 취재시켜 뉴스로 만든 사례도 있다. 2019년 5월 21일, 보도2팀장으로 승진한 윤종화 기자는 자신의 업무수첩에 H임원에게 받은 구체적인 지시내용을 메모했다.

 인천공항, (1)세관신고서 작성 → 이미 다른 나라는 세관 신고 필요한 경우만 작성. 그런데 왜 다 세관신고서 작성 (2)승무원들도 나올 때마다 적어 제출 → 세관신고서 작성 후 어떻게 처리?? 낭비 (3)세관신고서 전산화 용의?? (윤종화 기자 업무수첩 메모, 2019년 5월 23일)

 문맥만 봐도 누군가의 말을 받아적은 것임을 알 수 있다. 당시 H임원은 해외 출장이 잦았고, 출장에서 돌아오면 직원들에게 우리나라 공항의 불편사항이나 항공기 지연 문제 등에 강한 불만을 표시했다. 당시 보도2팀장에게는 거의 기사 내용을 써주다시피 목적과 내용이 분명한 취재지시를 내린 것이다. 윤종화 기자는 당시 보도2팀장으로서 그분의 지시사항을 인천취재기자에게 전달하자 기자도 난감해하며 취재를 꺼렸다고 말한다.
 "보도2팀장으로서 당시 인천 취재기자에게 취재지시를 전했더니 '이걸 꼭 해야 하냐'며 난감해하는 거예요. 나도 힘들다고, 하는데까지만 해보자고 다독였어요. 실제로 기자가 인천공항공사에 취재했는데 담당자도 웃더래요."[65]

---

64 당시 윤종화 기자협회장과 H가 주고 받은 카톡내용을 정리한 것으로 시간은 2019.1.11. 오후 1시16분부터 3시28분 사이였다.
65 윤종화 기자가 2019년 8월 12일경 당시 정황을 묻는 필자에게 대답해준 내용이다.

관세법에 따라 해외에서 들고 오는 물품을 의무적으로 신고하도록 하는 게 세관신고서이다. 신고를 안 하면 밀수입죄나 관세포탈죄까지 성립될 수 있다. 당시 관세청은 세관신고서의 불편사항을 줄이기 위해 여권번호를 생략한다거나 모바일 작성이 가능하게끔 하는 시범 조치를 시행하고 있었다. 그런 마당에 아예 세관신고서를 '쓸 사람만 쓰게 하는 게 어떻냐'고 취재할 수는 없었던 경기방송 기자는 결국 '세관신고서 불편함을 해소하기 위해 모바일 작성 시범운영이 되고 있다'라는 취지의 기사를 썼다. H의 지시가 떨어진 다음 날인 5월 24일 저녁 뉴스를 통해 방송됐다.

'공항 입국 신고' 간소화 목소리. 관세청 '모바일 입국작성' 시범운행 중[66]

결과적으로 공항에 대한 비판기사가 아닌 '모바일 입국작성' 정보 기사가 된 셈이다. 그러자 H임원은 기사 내용이 미흡하다며 간부회의 시간에 인천공항에 대해 추가 취재할 것을 지시했다. 6월 3일이었고 윤 팀장의 메모에는 이렇게 적혀있다.

인천공항 재취재 - Ballet 위치 불편, 가격 비쌈, 연착 지연

세관신고서부터 발렛주차, 비행기 연착까지. 이 지시를 어떻게 받아들여야 할까? 누구라도 '경기방송이 인천공항에 감정 갖고 있나?'라며 의아해하지 않을까.

---

66   신종한, '공항 입국신고' 간소화 목소리...관세청 '모바일 입국작성' 시범운행 중 (경기방송, 2019.5.24)

"추가기사는 결국 안 나왔어요. 쓸 수 없었어요."(윤종화 기자)

H가 어떤 식으로 보도에 개입해왔는지 위 세 가지 사례를 들은 미디어오늘의 이재진 기자는 이런 말을 했다. '힘드셨겠네요.' 그리고 '보도개입 의혹'에 관한 입장을 듣기 위해 H에게 여러 번 전화를 걸고 문자메시지를 보냈지만, 답변은 없었다. 그런 끝에 8월 14일의 기사가 나온 것이다.

"경기방송 관계자에 따르면 H는 승무원들과 골프를 치면서 들은 이야기라며 간부회의 때 기사 작성을 지시했다. 다른 국가는 세관신고서를 생략하는 경우가 많은데 우리나라는 세관신고서 작성이 엄격하고 이는 종이 재활용 측면에서도 좋지 않다면서 관련 내용으로 보도를 지시했다. H의 지시는 실제 보도로 이어졌다."[67]

뜻밖의 반응

그런데 미디어오늘의 기사가 나온 직후 H측에서 격렬한 반응이 나왔다. 완전한 허위사실이라는 것이다. 뭐가 완전한 허위사실이라는 건지 들어봤더니 보도개입 여부에 대해서가 아니라, 승무원과 골프를 친 사실이 없다는 항변이었다.

"항공사 승무원들과 함께 골프를 친 사실은 전혀 없습니다."[68]

훗날 H와 경기방송 측은 제보자들을 '출판물에 의한 명예훼손 및 업무방해'로 검찰에 형사고발 하며 이 부분을 강조했다. 경찰 조사를 받으며 윤종화 기자는 '자신은 분명히 H가 승무원과 골프쳤다고 말한

67 이재진, 경기방송 "추혜선 비판 기사 안 쓰면 중징계" (미디어오늘, 2019.8.14)
68 경기방송측은 필자와 윤종화 기자에 대한 징계위원회는 물론 경기지방노동위원회, 중앙노동위원회 심문절차, 명예훼손 등 형사고발 내용 속에서도 위 사실을 일관되게 주장하고 있다.

것을 들었다'라고 주장했고 나는 이렇게 주장했다.

"해당기사는 H가 승무원과 골프를 쳤느냐를 다투는 기사가 전혀 아니라, 보도개입을 했는지를 다투는 내용이었습니다. 본질과 무관한 꼬투리 잡기로 기사와 제보자에 대한 신뢰도를 떨어뜨리는 의도가 아닐까 생각합니다."[69]

'본질과 무관한 꼬투리 잡기'는 특정 언론, 특정 인물의 문제가 아니라 대다수 국민들이 한국 언론에 갖고 있는 불만이기도 하다. 해당 사건을 수사한 수원지방검찰청은 2020년 6월 16일, 명예훼손 및 업무방해로 형사고발된 제보자들에 대해 증거가 불충분하다며 무혐의 처분을 내렸다.[70]

---

69 필자가 2020.5.25. 오후 수원 남부경찰서에 출석해 조사를 받던 중 조사자의 질문에 답한 내용이다. 이전과 이후에도 필자는 일관되게 주장하였다.

70 2020.6.16. 수원지방검찰청은 (주)경기방송이 필자와 윤종화 기자를 상대로 제기한 출판물에 의한 명예훼손 및 업무방해 형사고발건에 대해 모두 혐의없음에 따른 불기소 처분을 내렸고 불기소 이유로는 증거불충분으로 자세한 내용은 아래와 같다. 결론 : 위 수사사항을 종합하면 피의자들의 제보행위가 사적 이익 추구를 위한 것이라고 보기 어렵고, 방송의 편성과 제작 및 보도의 공정성과 독립성 확보를 위해 이루어진 것으로 판단된다.
- 출판물에 의한 명예훼손 혐의에 대하여
따라서, 피의자들이 제공한 제보는 공공의 이익에 관한 것이어서 비방할 목적이 있었다고 보기 어려워 형법 제307조 제1항 소정의 명예훼손죄의 성립 여부가 문제될 수 있고 이에 대하여는 다시 형법 제310조에 의한 위법성 조각에 해당 된다고 판단되어 불기소(혐의 없음) 의견.
- 업무방해 혐의에 대하여
피의자들에게 업무를 방해할 고의가 없다고 판단하여 불기소(혐의 없음) 의견입니다.

사과유보

8월 14일 종일 경기방송 내부는 긴박하게 돌아갔다. 방통위의 진상 파악이 시작됐다. 오후 3시경 박영재 대표이사를 만난 방통위 고위 간부는 H 발언의 사실 여부를 물었고, 박 사장은 '발언한 사실이 맞고 나도 불쾌했다'라는 취지의 발언으로 사실임을 인정했다. 그러자 방통위 간부는 H의 직제가 방송 공정성에 부합되는지 무겁게 검토하고 있다는 의견을 전했다고 한다.[71]

"신임 방통위원장 청문회에서 국회의원들이 경기방송에 대한 질의를 하지 않을까 실무자로서는 여러 대비를 할 수밖에 없다며 향후 재허가 심사과정에서도 방통위 실무자로서 H의 직제가 방송 공정성에 부합되는지 소유경영 분리 원칙에 맞는지 무겁게 검토하고 있다고 말했습니다."[72](박영재 당시 대표이사)

---

71 방통위 핵심간부와 경기방송 대표이사 간의 면담사실은 복수의 방통위 출입기자들로부터 확인할 수 있었다.

72 면담의 당사자인 박영재 당시 경기방송 대표이사는 퇴임 이후인 2020년 6월24일 필자와의 전화통화를 통해 2019년 8월14일 방송통신위원회 간부를 만난 내용부터 이후 대국민 사과문 작성 및 발표 과정

박영재 대표이사는 즉시 대표이사 명의의 대국민 사과문을 준비했다. 사과문안이 작성되는 대로 발표할 예정이었고, 사과 문안의 초안 작성자와 감수자까지 경기방송 직원 내부에서 지정됐다. 사업마케팅팀과 보도국의 차장급 직원들이었다.[73] 그러나 이날 사과문은 발표되지 않았다. 당사자인 H임원이 사과문 발표에 동의하지 않았기 때문이다.[74] 기사가 왜곡됐기 때문에 사과할 수 없다, 즉 승무원과 골프를 안 쳤는데 쳤다고 왜곡하는 기사 때문에 사과할 수 없다는 쪽으로 돌아선 H의 결심에 대해 직제상 상관이었던 박영재 대표이사는 '내 범위를 벗어난 문제'라며 어쩔 수 없다는 입장을 표명했다.[75]

결국 당사자의 거부로 회사측이 준비한 대국민 사과가 무위로 돌아간 가운데, 경기방송 사내에서는 노동조합에서 부착한 게시물이 붙어 있었다.

노동조합 긴급총회. 2019년 8월 16일 금요낮 12시. 4층 회의실

에 대한 전반적인 사항을 매우 구체적으로 말해줬다.

73 박영재 당시 경기방송 대표이사가 2020년 월 24일 필자에게 들려준 말에 따른 것으로 그는 사과문안을 작성한 직원들의 실명까지 매우 구체적으로 진술하였다.

74 당시 H의 최측근으로 분류되던 L 이사는 제보자들의 부당해고 여부를 다투던 경기지방노동위원회 심문회의(2020년 3월 9일)에 출석해 다음과 같이 발언했다.

"H님도 대의를 위해서 사과문에 동의하는 입장이었다가 그날 오후에 나온 미디어오늘 기사(보도개입 지시 관련)를 보고는 '이렇게까지 왜곡하는데 사과할 수 없다'라며 거부하셨습니다."

75 윤종화 기자가 2019년 8월15일 박영재 당시 대표이사를 만난 뒤 필자에게 들려준 이야기로, 박영재 당시 대표이사는 사안의 원만한 해결을 위해 제보자 윤종화 기자를 만나 회사의 입장을 설명하려고 8.15. 13시경 방송국 근처(수원시 영통구) 독도쭈꾸미라는 식당에서 만났다.

"광복절 휴일에 대표이사와 독도쭈꾸미에서 식사했습니다. 그 자리에서 '왜 사과문이 안 나왔느냐'고 여쭤보니 '나는 (H에게) 여러 차례 이건 예의가 아니라며 사과 및 거취표명을 요구했고, H도 흔들렸지만 결국 잘못 없다, 사과 없다로 나온다, 내 범위를 벗어난 문제다, 라고 하시더군요."(윤종화 기자

이 사 회 의

반 격

노동조합 성명서

8월 16일 금요일 낮 12시.

조합원들이 무거운 얼굴로 하나둘씩 비상총회가 열리는 4층 회의실로 들어갔다. 회의가 시작되자 집행부는 문을 굳게 닫았다. 안에서 어떤 논의가 되고 있는지 전혀 알 수 없었다. 안건은 단 한 가지, H의 발언에 대한 노동조합의 입장이었다. 당시 H는 사과조차 거부하고 있었고, 그의 측근들은 '사적인 자리에서 개인 의견을 말한 것이 그렇게 손가락질받을 일이냐'라며 아무 대응도 하지 않는 것이 최선임을 강조하고 있었다. 이것이 당시 경기방송의 내부 공기였다.

바깥공기는 달랐다. 청취자들의 항의성 문자는 이어지고 있었다. 지자체 예산 담당자들은 시민의 혈세가 제대로 쓰이는지 의문이라며 연일 우려를 표하고 있었고, 기자들은 '비판 여론이 쏟아지는데 사과 한 줄 나오지 않는 이유는 무엇인지'에 의문을 표하며 노동조합의 입장이 나오기를 기다리고 있었다.

"오늘 노조 총회 있다던데 입장 나오면 알려주세요."

"아직 안 나왔나요?"

비조합원인 내게도 기자들의 문의 문자가 이어졌다. 그러나 알 길이 없었다. 안에서 무슨 격론이 펼쳐지는지, 12시경에 시작한 회의는 1시간이 지나고 2시간이 지나도 끝날 줄 몰랐다. 화장실도 안 가고 회의가 진행되었다.

두 시 반 경, 회의실 문이 열리며 사람들이 나왔다. 아무 말도 없었다. 노조위원장 역시 아무 말 없이 노조사무실로 들어가 집행부 회의를 시작했다. 노조사무실 문도 역시 굳게 닫혀있었다.

결국, 오후 5시가 넘어서야 그날 노동조합이 무슨 결정을 내렸는지 알게 됐다. 전국언론노동조합 홈페이지에 올라온 경기방송 분회 성명서, 오후 5시 6분경.

"친일 논란 발언으로 물의를 일으킨 경기방송 H임원은 즉각 사퇴하라!"[76]

조합원 수가 15명을 넘지 못해 '지부'도 아닌 '지회'였지만 노동조합은 이 민감한 현안에 대해 한 사람 한 사람의 의견을 충분히 듣고 논의하여 결론을 도출했다. H의 퇴진이라는 결론이었다. 성명서 이면에는 어떻게든 방송국을 방송국답게 만들어가겠다는 경기방송 구성원들의 자정 노력이 담겨있었다.

---

76   전국언론노동조합 경기방송 분회 성명서, '친일 논란 발언으로 물의를 일으킨 경기방송 H임원은 즉각 사퇴하라!' (전국언론노동조합 누리집, 2019.8.16)

< 성 명 서 >

최근 물의를 일으킨 '경기방송 간부의 친일 막말' 논란과 관련해 전국
언론노동조합 경기방송 분회(이하 경기방송 분회)는 경기방송 구성원으
로서, 청취자와 경기도민에게 고개 숙여 사과드립니다. 그동안 일부 언론
보도를 통해 제기된 문제에 대해 사측의 입장 표명과 진심 어린 사과를
요구했으나, 더는 기다리는 것은 한계가 있다고 판단하여 성명을 통해 다
음과 같이 요구합니다.

온 국민이 한마음 한뜻으로 자발적인 반일불매운동을 벌이고 있는 시
국에 친일, 역사 왜곡 논란 발언으로 공분을 사 회사의 존립을 위태롭게
한 H는 경기방송을 사랑하는 청취자, 나아가 국민 앞에 즉각 사과하라.

또한, 경기도 유일의 지상파 방송국으로, 지난 20여 년간 쌓아 올린 경
기방송의 신뢰도를 크게 훼손한 책임을 지고 즉각적으로 사퇴하라.

현 경영진 역시 이번 사태에 엄중한 책임감을 느껴야 할 것이다. 경기
방송 지분을 가진 H임원 직제가 방송통신위원회에서 지적했던 소유, 경
영 분리 원칙에 부합하는지 즉각 해명하고, 그렇지 않다면 그 원칙을 지
킬 수 있는 근본적인 대책을 마련하라.

경기방송 분회는 보도, 제작, 편성, 인사, 경영권 등 그간 집중된 막대한
권한을 분산시켜 경기방송이 건강한 언론 조직으로 재탄생할 방안 마련
을 촉구한다.

마지막으로, 경기방송 대표이사와 H임원은 8월 19일(월) 예정된 경기
방송 전체회의 등을 통해 이번 사태에 대한 숨김없는 해명과 입장표명,
납득할 만한 후속 조치를 강구하라.

경기방송 분회는 이번 사태로 상처받은 청취자와 국민께 다시 한번 사
과하며, 앞으로도 공정한 언론 기관으로서 맡은 바 역할에 충실하기 위한

끊임없는 자정 노력을 약속드립니다.

2019년 8월 16일 전국언론노동조합 경기방송 분회

　　노동조합은 발언의 책임을 물었을 뿐만 아니라 보도, 제작, 편성, 경영, 인사 등 한 사람이 행사해오던 그 막대한 권한을 이제 분산시킬 것을 회사 측에 요구했다. 그러면서 H의 거취를 8월 19일 직원총회 자리에서 밝혀달라고 시한까지 못 박았다. 이제 H의 답변만 남았다. 8월 19일 직원총회에 눈길이 쏠렸다. 사흘 뒤였다.

사퇴선언

8월 19일 월요일 오전 10시. 전 직원 총회가 열렸다. 40여 명의 경기방송 임직원들이 4층 대회의실에 모였다. H의 거취표명이 최대 관심사였기에 저마다의 업무수첩에 메모할 준비를 하고 있었고, 회사측에서는 직원 한 명이 영상촬영을 준비하고 있었다. 녹음도 하고 있었다. 곧 박영재 대표이사가 H임원과 함께 들어왔다. H임원의 발언이 시작되자 회의실 내에는 침 넘기는 소리조차 들려오지 않았다.

"떠나기로 마음먹었습니다."

그는 비록 사석에서 한 말이었지만 논란을 일으켜 죄송하다고 사과했다. 불매운동 비하 발언이나 문 대통령 관련 발언에 대해서는 '앞뒤 자르고 이야기 하다 보면 오해가 있다'라며 제보나 언론 보도가 다소 왜곡되었음을 비쳤다. 자신은 친일파가 아니며 문재인 대통령을 공격하는 사람도 아님을 힘주어 말했다. 그러나 '모든 것을 차치하고, 사적이든 공적이든 송구스럽고 죄송하다'라며 보직에서 사퇴하겠다는 의사를 분명히 밝혔다. 아울러 자신이 보유하고 있던 경기방송 주식에 대해서도 공개매각 의사를 밝혔다.

"이 자리에 있는 여러분들도 (제 주식을) 사고 싶다면 내놓고 떠나겠습니다. 공개 매각할 것이고, 최대주주와 의논해 결정하겠습니다."

당시 그의 발언은 공개적으로 녹음하여 음성파일로 남아 있다. H 자신도 그 자리에서 자신의 발언을 동영상으로 촬영해 유튜브에 올리라고까지 말했다. (그런데 어쩐 일인지 영상은 유튜브에 올라오지 않았다.) 미디어오늘은 H에 대한 추가취재를 통해 사퇴 입장이 분명해 보인다고 보도했다.

"H는 미디어오늘과의 문자메시지를 통해서도 '과정이 어떻든, 사석이라 하더라도 나의 여러 말 때문에 물의를 끼쳐 송구하고 죄송하다고 사과했다'라고 밝혔다. (중략) H는 '지금 이 시간부로 보직에서 사퇴하겠다'는 뜻도 밝혔다."[77]

그는 직원총회 자리에서 사퇴 의사를 밝힌 뒤 한 가지 여운을 남겼다. 바로 사표 제출 시점이었다.

"인수인계할 것들이 좀 있어서 추석 전후쯤 (사표) 내고 나가겠습니다. 이 정도는 이해해줄 것이라고 생각합니다."

그날이 8월 19일이었고, 그 해 추석 명절은 9월 13일이었다. 대략한 달가량의 간격이 있었다. 너무 긴 것은 아닌지, 혹시나 다른 의도가 있는 것은 아닌지, 여러 생각이 교차했지만, 경기방송 직원들은 나가겠다는 사람더러 '당장 나가야지 왜 추석까지 뭉개느냐'고 따져 물을 만큼 모진 사람들이 아니었다. 아무도 말을 하지 않았다.

---

77   이재진, 「보도 공정성 논란 발언 '경기방송 임원' 사퇴」 (미디어 오늘, 2019. 8. 19)

"H는 노조에서 요구한 사항을 전부 수용하고 사직하겠다고 제게도 분명히 말했습니다."

그날 박영재 대표이사의 말이었다. H임원이 사퇴 의사를 밝히고 퇴장한 뒤 박영재 대표이사는 그동안의 경위를 자세히 직원들에게 설명했다. 회사 이미지가 많이 실추된 것이 사실이고, 방통위에서도 새 방통위원장 청문회를 준비하면서 경기방송 문제가 국회의원들 질의를 통해 불거질 것을 예상해 경기방송의 소유경영 분리 문제에 대한 자료를 요구해왔다고 전했다.

"앞으로 재허가 승인이나 광고매출에서도 위기가 예상되지만, 여기 있는 모든 직원이 합심해서 회사를 빨리 정상화하고 좋은 방송 만들어갑시다."

박영재 대표이사는 노동조합까지 참여하는 비상대책기구를 만들어서라도 빠른 수습을 할 것임을 밝혔다. 그리고 대국민 사과문을 발표했다.

"최근 발생한 불미스러운 일에 대해 사과의 말씀을 드립니다."

박영재 대표이사 명의로 발표된 사과문은 해당 간부가 사퇴 의사를 분명히 밝혔다고 명시했다.

"이번 일을 계기로 경기방송의 신뢰성이 심각하게 훼손되었음을 경기방송의 임직원 모두가 인지하고 있습니다. 해당 간부는 이번 사태에 책임을 통감하여 경기방송을 사랑하는 청취자와 경기도민에게 진심 어린 사과와 함께 사퇴 의사를 분명히 밝혔음을 알려드립니다."

8월 19일 월요일 오후에 발표된 사과문이었다.

사라진 대표이사 사과문

그날 밤 10시 40분경, 이 사안을 주시해오던 시민단체가 입장을 발표했다.

경기방송 H 사퇴에 대한 경기민언련 입장[78]

경기민주언론시민연합(이하 경기민언련)의 성명이었다. 경기민언련은 1988년부터 전국을 다니며 조선일보 반대 운동을 해온 수원 출신의 고 장문하 선생 등이 중심이 되어 2001년에 만들어진 언론개혁 시민단체로 경기지역의 노동, 여성, 환경, 자치분권 등 다양한 시민노동단체들과 연대해온 영향력 있는 단체였다. 경기지역 주요신문들과 함께 경기방송을 주의 깊게 모니터링해온 경기민언련은 H 사퇴를 환영한다는 뜻과 함께 '친일발언' 이면에 내재된 방송 사유화의 문제를 조목조목 짚어냈다. 아울러 제보자에 대한 해코지나 보복인사 대신

78   경기민주언론시민연합 성명서, '경기방송 H 사퇴에 대한 경기민언련 입장' (경기민주언론시민연합 누리집, 2019.8.19)

권한 분산 등 자구책을 마련할 것을 주문했다.

"회사의 이미지가 실추되었다는 핑계로 보복인사를 하지 말고 노조의 요구 사항인 '보도, 제작, 편성, 인사, 경영권 등 그간 집중된 막대한 권한을 분산시켜 경기방송이 건강한 언론 조직으로 재탄생할 방안'을 마련하여 경기도민의 사랑을 받는 방송으로 거듭나기를 바란다."

그러나 이 성명이 발표될 무렵, 제보자인 나와 윤종화는 경기방송 사내소통망인 '경기방송 밴드'에 글을 올리고 있었다.

"저희는 오늘 전직원총회에서 말씀드렸듯이 일체의 사익 없이 개인적인 죄송함에도 불구하고 방송 공정성을 위해 언론 및 기관에 실명제보를 한 공익신고자들입니다, 간부로서의 책임 통감과 직원으로서의 성실의무 다짐 등 진솔한 의견표명에도 불구하고 일부 간부급 직원들의 저희에 대한 비아냥과 폭언, 욕설까지 접하며 저희는 불가피하게 저희 입장을 내부소통망을 통해 말씀드립니다."[79]

이미 우리는 '무슨 의도로 외부에 제보까지 해 회사를 망치느냐', 'H는 책임지고 나가는데 너희는 어떻게 책임질래', '광고 떨어지면 네가 물어내라'라는 등 험악한 말 폭탄을 감내하고 있었다. 우리는 고민 끝에 국민권익위원회가 주관하는 공익신고자 보호법을 찾아내 실낱같은 보호막으로 삼았다.

"이 시간 이후로 저희는 공익신고자에 대한 직무재배치나 인사상 불이익, 폭언이나 폭행, 따돌림, 차별을 금지한 공익신고자 보호법에 의거, 관련 사실을 철저히 모니터링하여 단호하게 대응할 것임을 말씀드립니다."[80]

---

79 노광준, 윤종화, '존경하는 경기방송 임직원 여러분께' (경기방송 임직원들의 사내소통밴드 '경기방송 FM99.9', 2019.8.19. 22:35)
80 노광준, 윤종화의 사내소통망 게시글, 2019년 8월 19일

그러나 훗날에서야 공익신고자 보호법이 우리를 보호하지 못한다는 사실을 알게 되었다. 언론을 통한 제보는 법의 대상이 아니었고, 더구나 공공기관에 대한 제보도 아니었기 때문이다. 당연히 회사도 이를 파악하였을 것이다.

다음날인 8월 20일 화요일, 국민 여러분께 머리 숙여 사과드린다는 '대국민' 사과문이 사라졌다. 경기방송 홈페이지에 게시됐던 사과문이 흔적도 없이 사라진 것이다.

"H임원이 사과문의 내용이 잘못됐다고 대표이사에게 항의했고 사과문을 바로 내렸습니다."[81]

경기방송 이사가 경기지방노동위원회 심문회의(2020년 3월 9일)에 출석해 노동위원의 질문에 답한 증언이었다. 대표이사 사과문이 잘못되어 대표이사에게 항의하고 사과문을 내리게 했다는 주장이다. 그러나 박영재 대표이사는 사실관계가 다르다고 지적했다. 당시 대표이사 사과문은 H임원과 무관하게 작성된 자신의 작품이 아니라, H임원 본인이 직접 검토하고 수정하여 완성된 내용이었다는 것이다.[82]

"부끄러운 이야기이지만 구조가 그랬어요. H를 거치지 않고는 어떤 문서도 외부로 공개될 수 없었습니다. 대표이사 명의 사과문도 마찬가지였어요. 당시 제가 보도국 이 00기자와 사업마케팅 직원에게 초안을 작성토록 하고, 그렇게 올라온 초안을 H임원 본인이 직접 검토하며 펜으로 문구까지 수정해놨어요. 그 내용을 그대로 반영해 대표이사 사과문으로 완성시켜 홈페이지에 올린 거예요. 예를 들어 사석에서의 개인발언이

81   경기방송 L 이사가 훗날 밝힌 내용

82   박영재 당시 경기방송 대표이사는 퇴임 이후인 2020년 6월 24일 필자와의 전화통화를 통해 사과문 작성 및 수정 과정에 관해 자세히 말했다.

었다는 내용 등이 H임원 본인이 직접 집어넣은 문구예요. 그렇게 본인이 수정해서 다 해놓고 이제 와서 내용이 잘못되어 항의했다고 하면 사실관계가 크게 잘못된 거죠."(박영재 대표이사)

대표이사 명의의 사과문을 올리고 내리는 것조차 대표이사의 의지와 무관하게 이뤄지고 있던 8월 20일, 반일정국을 반전시킬 핵폭탄급 이슈가 터져나오고 있었다. 이른바 '조국 사태'가 터진 것이다. 결국 반일정국이 조국 논란으로 전환됐고, 경기방송 내부에서는 의심스러운 움직임이 일어났다.

인사발령

8월 26일 월요일 오후 4시경, 방송국 사내에 게시물이 붙었다. 인사발령을 공고함, 누가 승진했고 누구를 다른 곳으로 발령냈는지 알리는 '사령', 즉 회사의 명령이었다. 인사대상자는 모두 8명이었고 그중 제보자 두 명의 이름도 있었다.[83]

다음과 같이 인사발령을 공고함

(중략)

■ 제작팀 부장/팀장/편성책임자 노광준 →면)제작팀 편성책임자

■ 보도2팀 차장대우/팀장 윤종화→면)보도2팀 팀장

노광준(필자)는 편성책임자라는 보직을 내려놓게 됐다. 윤종화(기자)는 보도2팀장이라는 보직을 내려놓게 됐다. 보도2팀장은 경기도의회, 경찰청 등을 취재권역으로 하는 보도2팀의 취재를 총괄하던 역할

---

83 당시 인사발령은 경기방송 대표이사 박영재 직인이 찍혀 2019년 8월 26일 오후 사내에 게시되었으며 발령일자는 2019년 8월26일로, 시행일자는 2019년 8월27일로 인쇄되어 있었다.

이었는데, 회사는 조직개편을 통해 보도1팀과 보도2팀을 통합시켰다. 윤 기자는 보도2팀장에서 내려왔고, 보도2팀은 없어진 것이다. 회사 측은 조직 효율성 강화 차원의 조직개편일 뿐 보복인사는 아니라고 설명했다.

다음날인 8월 27일, 보도국 기자들의 출입처 조정안이 발표됐다. 조정안은 전날 승진 인사발령을 통해 보도국 전체를 통합적으로 지휘하게 된 OOO팀장이 발표했다. 그는 H 사퇴 전부터 '사석에서 한 발언으로 H가 사퇴까지 해야 하느냐'라며 항변해오던 인물이다. 그는 승진했고 제보자인 윤종화 기자의 출입처는 이렇게 바뀌었다.

기존 출입처 : 경기도의회 2진, 경기도 선관위, 경기관광공사, 경기중소기업청 등 제단체, 중부지방국세청, 삼성전자, 삼성전기, 삼성SDI, 건강보험공단, 국민연금, 경인지방병무청, KT, 한국전력, 유통업체, 건설단체
　→ 신규 출입처 : 의왕, 군포, 과천, 안양

이 무렵 바깥의 시선은 'H가 정말 사퇴하는 것인지' 여부를 확인하는 쪽으로 쏠리고 있었다.

"사태가 종결되기 위해서는 H의 사퇴가 하루빨리 확인돼야 한다. 그래야만 정상화가 될 수 있다. (중략) 현재 경기방송에 대한 의원들의 기존 녹음분의 방송을 보류하고 출연도 전면거부하고 있다. 사퇴가 이뤄지지 않거나 오랜 기간이 지나면 좌시할 순 없고 그때 가서 나름의 또 다른 특

별 대책을 마련할 것이다."[84]

  미디어오늘 이재진 기자는 방통위 취재 등을 통해 H임원을 중심으로 최대주주 변경계획이 추진되어왔다는 새로운 의혹을 제기했다.

  "H 발언 논란 전 최대주주로 등극하려 했던 정황도 확인됐다. H는 지난 7월 안정적인 회사 운영을 위해 대주주 주식을 매입하겠다면서 회사 임원들과 함께 주식 매입을 위해 세운 회사가 있는데 'HKL'이라고 언급한 것으로 전해졌다. (중략) 방송통신위원회도 경기방송이 올해 초 최대주주 변경을 논의한 게 맞다고 밝혔다. 방통위 지상파 담당 관계자는 '최대주주 변경 논의가 있었다고 안다. 실무 차원에서 문의가 들어왔는데 결국 (경기방송이) 신청은 하지 않았다. 이후 상황은 알지 못한다'라고 밝혔다."[85]

  당시 이 기사를 본 사람들의 반응은 'H 진짜 사퇴한대?' 였다. 초기 자본금 8억 원짜리 회사를 설립해 최대주주 변경까지 추진해온 사람이 이렇게 쉽게 물러나겠느냐는 합리적인 의심이었다. 사퇴에 쐐기를 박아야 한다는 여론도 일었다.

  8월 29일 목요일 오후 3시경, 더불어민주당 경기도당이 성명을 발표했다. 형식적인 사과발표와 내부고발자 탄압으로 사태를 무마하려는 경기방송의 행태는 국민을 모독하는 처사라며 H의 즉시 사퇴를 요구한 것이다.

  "작금의 경기방송 행태는 '후안무치'와 '표리부동' 그 자체이다. 이

---

84 염종현 당시 경기도의회 더불어민주당 대표의원의 발언내용은 2019.8.27. 보도된 미디어오늘 기사에서 발췌했다.

85 이재진, 「불매운동 비하 경기방송 간부 사퇴한 줄 알았더니」 (미디어오늘, 2019.8.27)

는 국민을 모독하고, 도민을 우롱하는 처사다. 더불어민주당 경기도당은 형식적인 면피성 사과문 발표와 반민주적 내부경영으로 이토록 엄중한 막말 사태를 무마시키려는 경기방송의 행태를 강력히 규탄한다. 경기방송은 친일 막말 인사를 퇴사시키겠다는 1천350만 경기도민과의 약속을 즉각 이행하라. 이러한 조치가 즉각 이뤄지지 않을 경우, 더불어민주당 경기도당은 특단의 조처할 것임을 엄중 경고하는 바이다."[86]

그러자 3시간 후인 저녁 7시경, 경기방송 경영전략기획팀 명의로 작성된 'H와 대주주들의 입장문'이라는 제목의 게시물이 사내에 붙었다. 군사독재 시대에도 없었던 사상 최악의 언론탄압을 자행한 경기도의회 일부 도의원 등 전체가 허위사실 유포 민형사상 법적 책임 대상이라는 뜻을 전했다.

"악의적 의도성이 다분한 내용으로 회사와 개인에 대한 명예훼손이 지속하고 있는 데 대해 H 본인은 물론, 대주주 및 우호 지분을 소유한 주주들, 사내, 사외이사 모두 분노하고 있음을 전해드립니다. 향후, 이 부분에 대해서는 법적 검토가 이뤄지고 있으며, H와 회사에 대한 무분별한 허위사실 유포로 회사와 개인의 명예를 훼손시키고, 운영 및 재산상 손실을 주면서 주주들의 권리를 훼손한 부분 등을 총망라, 끝까지 민형사상 법적 책임을 물을 것임을 강조하셨음을 알려드립니다. (중략) 법적 조치 대상자로는 이번 일을 주도한 자를 중심으로 협조자, 외부 기사 작성 보도한 자, 악의적 댓글 작성자, 유튜버를 비롯한 국민의 혈세를 미끼로 민영 방송사 간부의 사직서 수리까지 압박하는 등 군사독재 시대에도 없었던 사

86 더불어민주당 경기도당 성명서, '경기방송은 친일막말 인사를 즉각 퇴사시키고, 공익적 내부고발자에 대한 탄압을 즉각 중단하라!' (더불어민주당 경기도당 누리집, 2019.8.29)

상 최악의 언론탄압을 자행한 경기도의회 일부 도의원 등 전체가 그 대상이라고 밝혔습니다."[87]

이 입장문은, 대표이사도 아닌 경영팀의 명의로 올려졌다. 경영전략기획팀장은 직원총회 당일 'H님이 나가면 나도 함께 사표를 쓰겠다'라는 뜻을 공개적으로 밝힌 H의 최측근 인사로 최대주주 변경을 추진했던 'HKL' 회사법인의 이사로 이름을 올리고 있었다. 그런 경영전략기획팀장이 법적으로 모든 경영행위를 총괄하는 대표이사를 패스하고 H와 대주주들의 뜻을 전직원에게 전한 것이다.

다음날인 8월 30일 금요일 오전 11시경, 당시 박영재 대표이사는 L팀장을 대기발령 조치했다. 사내게시물도 제거했다. 대표이사 재가 없이 사내게시물을 작성, 부착한 것에 대한 책임을 물은 것이다. 그러나 사태는 진정되지 않았다.[88]

---

87   경기방송 경영전략기획팀, '경기방송 주식 매각 사내 공고' (경기방송 사내게시인쇄물 A4용지 2쪽 분량, 2019.8.29)

88   당시 인사발령은 경기방송 대표이사 박영재 직인이 찍혀 2019.8.30 오전 사내에 게시되었으며 L을 대기발령에 명한다고 인쇄되어 있었다.

역습

9월 4일 수요일 오후, 대기발령 중이던 L이 복귀했다. H임원과 주주들의 메시지가 담긴 사내게시물을 대표이사 모르게 부착해, 대기발령 조치에 취해진 지 닷새 만에, 경영팀장은 아무 일도 없었다는 듯 제자리로 복귀한 것이다.

그날 오후 4시경, H가 사내소통망인 경기방송 밴드에 실명으로 글을 올리기 시작했다. 제보자들의 7년 전 과거 행적을 원색적으로 비난하는 시리즈 폭로 글이었다.

"이제는 진실을 말해야겠다 - (1)"직원 여러분께 사과드립니다" "주변 직원 조언 안 듣고 노광준, 윤종화를 너무 믿은 내가 바보였습니다."[89]

그는 이날부터 9월 17일까지 4차례에 걸쳐 글을 올렸다.[90]

---

89 H임원의 9.4. 16:10 사내게시물
90 H가 올린 글은 모두 경기방송 임직원들의 사내소통밴드인 '경기방송 FM99.9'에 게시되었고 글 제목과 올린 시점은 아래와 같다.

7년 전 구조조정 당시 노조위원장과 사무국장을 맡았던 제보자들이 회사에 살생부(블랙리스트)를 올렸고, 직원들 목숨을 담보로 승진해서 누릴 만큼 누리더니, 이제는 외부제보로 회사를 망가뜨리려 한다는 맥락이었다.

"나는 깜짝 놀랐습니다. 어린 친구가 어떻게 이렇게 그동안 상황을 일목요연하게 날짜별로 직원 개개인 별로 움직임과 말들을 정리해놨는지… 한편으론 섬뜩하기도 했고요. '이 친구들이 이래서 외톨이가 됐나'하는 생각도 하게 됐습니다."[91]

노동조합의 손에서 '살생부'가 만들어지다.
'경영합리화조치' 협조 요구에 준비된 듯 구조조정 서두르는 '노동조합'
노조위원장이 경영진에 '훈수 두는 사람 아니라, 진정한 협력자' 강조.
고맙기도 했지만, 살생부 받아들고 살기가 느껴져…
아…. 이러다 남아나는 직원이 없겠구나…."[92]
대팀제 시행의 가장 큰 수혜자는 바로 노광준 노조위원장이 됐습니다.[93]

당시 노조위원장으로서, 조직 혁신안을 제기한 당사자로서 제작팀장을 맡는 것은 적절치 않다며 고사하던 노광준(필자)을 세 번이나 찾

H임원, '쿨하게~이제는 진실을 말해야 겠다-①' (경기방송 FM99.9 밴드, 2019.9.4. 16:10)
H임원, '쿨하게~이제는 진실을 말해야 겠다-②' (경기방송 FM99.9 밴드, 2019.9.5. 13:42)
H임원, '쿨하게~이제는 진실을 말해야 겠다-③' (경기방송 FM99.9 밴드, 2019.9.9. 16:53)
H임원, '나를 외치다.! 이제는 진실을 말해야 겠다-④' (경기방송 FM99.9 밴드, 2019.9.17. 18:13)
91 H임원, '쿨하게~이제는 진실을 말해야 겠다-①' (경기방송 FM99.9 밴드, 2019.9.4. 16:10)
92 H임원, '쿨하게~이제는 진실을 말해야 겠다-③' (경기방송 FM99.9 밴드, 2019.9.9. 16:53)
93 H임원, '나를 외치다.! 이제는 진실을 말해야 겠다-④' (경기방송 FM99.9 밴드, 2019.9.17. 18:13)

아와 팀장을 맡아줄 것을 제의한 인물은 바로 H임원 본인이었다. 그러나 그런 사실은 쏙 빼놓고 당시 사적으로 주고받은 이메일을 공개하며 '살생부설'을 이어나갔다. 노동조합이 그에게 전달한 문건은 '살생부'도 블랙리스트도 아니었고 당시 대주주 명의신탁 의혹을 둘러싸고 벌어진 부회장-대표이사 간의 경영권 다툼에 동원된 노노 갈등 행위의 구체적인 진상을 조사해 상급단위 노조에 보고한 조사문건이었다. 회사의 노노 갈등 행위자에 대한 징계가 형평성을 잃고 또 다른 파벌구축으로 이어질 것을 염려한 노조위원장의 '예외 없는 징계-대팀제 조직혁신' 요구 서한을 '살생부'로 둔갑시켜 직원들에게 공개한 것이다.

노광준은 결단코 살생부가 아니며 직원 목숨 담보로 누린 적도 없다며 노동조합에 '공개청문회'를 요구하는 한편 상급노조에 당시 노동조합 활동기록이 담긴 100MB 분량의 서류를 제출하기도 했다.

그러나 직원들의 반응은 싸늘했다. H의 글은 7년 전 구조조정에 대한 전직원의 트라우마를 자극했고, 특히 당시 노노 갈등 행위로 징계를 받았던 직원들(그중 일부는 부당징계라고 지금도 주장하는) 사이에 제보자들에 대한 적대감까지 일으켰다.

"당시 방송국에는 3가지 현안이 있었습니다. 사주의 명의신탁 의혹, 이를 제기한 비대위와 노조의 갈등, 방송사 기록이 삭제된 초유의 달렛사고… 하나하나가 대형사고이고 법정 공방으로 이어지는 사안이어서 조사를 꼼꼼히 하고 다 기록했습니다. 거의 조서를 꾸미는 수준으로… 왜냐하면 노조 집행부가 증인으로 많이 출석했거든요. 민형사 소송에… 그래서 그런 자료들을 계속 기록해두고 상급단체에 보고하고, 징계위원회 직전에는 회사가 급히 요구해서 사실만 전달했는데 그걸 7년이 지나서 '살생부'라고 올리니까 모르는 직원들은 '사찰문건'으로 받아들인 거죠."[94]

만일 H의 의도가 제보자-직원 사이의 분리였다면 그 의도는 200% 적중했다. H가 시리즈로 올려놓는 제보자들의 7년 전 행적의혹은 '어쨌든 회사가 제보로 인해 큰 타격을 입은 것 아니냐'라는 비조합원들의 발언들과 교묘하게 결합하며 사내여론을 냉소적으로 바꾸었다. 그리고 또 하나의 충격적인 일이 벌어졌다. 박영재 대표이사가 사내소통망을 통해 사퇴한다고 밝혔다.

"경기방송 가족 여러분께. 저는 최근 회사의 어려운 상황을 수습하고자 대내외적으로 노력을 하였으나 제 능력이 닿지 못함을 깨달았고 이에 대표이사직과 사장직을 내려놓았습니다."[95]

대표이사의 사퇴. 대국민 사과문을 발표하고 회사 정상화에 매진하겠다던 박영재 대표이사가 돌연 사퇴를 선언하고 회사를 떠났다. 9월 4일 오후 5시 43분의 일이다. 사건 일시별로 순서를 재구성하면 맥락이 보인다.

8월 29일 H와 대주주들의 입장문 "사상 초유의 언론탄압 법적 대응"

94 윤종화 기자가 2020년 5월5일 필자에게 해준 말, 윤 기자와 필자는 지노위 부당해고 복직결정에 따라 회사로 돌아간 2020년 5월6일 경기방송 노동조합 사무실에서 약 20여명의 조합원들과 간담회를 갖고 이른바 살생부 논란에 대한 해명 및 질의응답시간을 가졌다. 간담회는 오전 10시30분부터 약 1시간에 걸쳐 진행되었고 전국언론노동조합 수석부위원장이 동석했다. 간담회가 끝난 뒤 노조 지도부(장주영 위원장, 박상욱 사무국장)는 '오늘 이 자리를 통해 오해와 앙금이 어느 정도 해소된 만큼 다시는 이 사안에 대해 거론하지 말고 하나되어 새 방송국 건립에 매진하자'고 모든 조합원들 앞에서 마무리 발언을 했다.
95 박영재 경기방송 대표이사는 2019년 9월 4일 오후 5시43분경 경기방송 임직원들의 사내소통 밴드인 '경기방송 FM99.9'에 '경기방송 가족 여러분께'로 시작되는 사퇴입장문을 올렸다.

8월 30일, 박영재 대표이사, 사내게시문 공고한 L팀장을 대기발령 조치.

9월 4일, 15시경, 박영재 대표이사, 경영팀장을 원직복귀 시킴.

9월 4일, 16시경, H, 제보자들에 대한 폭로 글 게시

9월 4일, 18시경, 박영재 대표이사 사퇴.

훗날 박영재 당시 대표이사는 왜 돌연 사퇴했느냐는 나의 질문에 이렇게 짧게 답했다.

"대주주 쪽에서 자네들을 자르라고 집요하게 요구했거든. (나는) 못한다고 버텼고. 결국, 내가 그만뒀지."[96]

대표이사 사퇴 이후 H는 계속 제보자들에 대한 폭로 글을 올렸다. 그리고 추석 이후 여기저기에서 소문들이 흘러나오기 시작했다. H가 복귀할 거라는 소문이었다.

---

96 박영재 당시 경기방송 대표이사는 사임 이후 7개월여가 지난 2020년 3월7일, 당시 부당해고 여부를 다투는 지방노동위원회 심문기일을 앞두고 박 전 대표이사의 진술서를 받으러 온 필자에게 자신의 사무실 (경기도 분당구 소재)에서 본문과 같이 말했다.

이 기레기 같은 놈아

"9월 20일에 사직서 내고 나간다."

H뿐만 아니라 측근들도 직원들 앞에서 공공연히 해온 말이다. 경영팀 명의로 게시됐던 사내게시물에도 적혀있던 약속이다.

"H의 사직서 제출 건에 대해서는 9월 20일까지 마무리하는 것으로 정리된 상태입니다."[97]

그러나 약속의 날(9월 20일) 하루 전인 9월 19일, 사내에는 'H가 사퇴 약속을 번복할 것'이라는 소문이 돌았다. 이에 노동조합은 약속대로 사퇴할 것을 촉구하는 성명서를 준비했다.

"보도국 회의에서 보도국 핵심간부가 기자들에게, H의 9월 20일자 사퇴는 없고, 9월 25일 이사회를 통해 최종 결정될 것이라는 입장을 전했고 그러자 비노조원인 고참기자가, H가 안 나갔으면 좋겠다, 밖에서 나가라고 한다고 나가는 게 맞느냐, 라며 사퇴번복에 힘 실어주는 말을 했다는 제보를 받았어요. 안 되겠다 싶어서 바로 성명서를

97 경기방송 경영전략기획팀, '경기방송 주식 매각 사내 공고' (경기방송 사내게시인쇄물 A4용지 2쪽 분량, 2019.8.29)

준비했죠."[98]

9월 20일, 약속한 날이 왔지만, H는 사퇴하지 않았다. 회사 측은 뚜렷한 입장 없이 9월 25일 이사회에서 모든 게 결정될 것이라는 답변만 반복했다. 노동조합은 성명을 발표했다.

"H는 사퇴하겠다는 대국민 약속을 즉각 이행하라!"[99]

노동조합은 H가 지난 8월 이후 휴가를 내고 잠적하고 측근들을 통해 시간 끌기를 한다는 합리적 의심을 지울 수 없다며 즉각 사퇴를 요구했다. 오전 11시 30분경이었다. 직후 경기방송 기자협회도 퇴진을 촉구하는 성명을 발표했다.

"친일, 역사 왜곡 논란 발언, H는 사퇴 약속을 즉각 이행하라!"[100]

이날 오후 경기방송 피디 연합회도 모든 피디들의 의견을 물어 성명서를 채택했다.

"사퇴하겠다는 약속의 그 날, 오늘만 기다렸다."[101]

피디 협회 성명서는 이날 오후 채택되었지만 어쩐 일인지 상급단체인 한국 피디 연합회에는 보고되지 않았다. 어쨌든 노동조합과 기자

---

98 장주영 노조위원장이 2019.9.19. H 사퇴관련 회사측 동향을 필자에게 알려주며 한 말이다.
99 전국언론노동조합 경기방송 분회 성명서, '떠나겠다는 이는 남고, 남겠다던 이는 떠났네' '약속대로 오늘 사퇴하라' (전국언론노동조합 누리집, 2019.9.20)
100 윤철원, "文, 무식하면 용감해" 막말 경기방송 간부 버티기…기자협회 강력 반발' (노컷뉴스, 2019.9.20)
101 이날(2019.9.20.) 오후5시경까지 모든 피디들의 의견을 수렴해 본문 제목과 같이 채택된 경기방송 피디연합회 성명서는 그러나 이후 사내에도 게시되지 않고 한국피디연합회 누리집에도 소개되지 않았다. 한국피디연합회 관계자들은 경기방송 지회에서 성명서를 보내지 않았다고 필자에게 진술했다.

협회, 피디 협회까지 3개 단체가 한목소리로 H의 퇴진을 거듭 촉구한 것은 경기방송 22년 역사상 처음 있는 일이었다.

그런데 이날 오후 보도국 내에서 엉뚱한 논란이 불거져 나왔다. 기자 출신으로 경기방송 기자협회 회원이기도 했던 H임원이 자신의 퇴진을 촉구한 기자협회 성명서가 '전체 기자들의 의견도 묻지 않고 발표됐다'라며 성명서 철회와 기자협회장 징계를 요구하고 나선 것이다. 당시 기자협회장은 제보자인 윤종화 기자였다. H는 보도국 사내 소통밴드에 윤 기자에 대해 배신자, 기레기 등 갖은 비방을 담은 글을 올렸다.

"기자협회가 너 혼자만의 조직이냐? 나도 협회 회원이다. 기자협회 이름 더럽히지 말고 떠나거라. 키워줬더니 은혜는커녕 등 뒤에서 칼 꽂는 배신자! 이 기레기 같은 놈아."[102]

"너 때문에 못 떠나겠다. 이놈아!"[103]

성명서 논란을 기화로 사퇴번복을 공식 천명한 것이다. 그러자 비노조원 고참기자들이 연달아 동조하는 댓글을 달았다. 성명서 철회와 기자협회장 징계 요구. 보도부국장은 일사천리로 보도국 비상 회의를 소집했고 늦은 오후, 도처에서 달려온 기자들이 윤종화 기자협회장을 둘러싸고 육두문자를 쏟아냈다.

보도국 전체회의는 3일 뒤인 9월 23일에 또 한 차례 열렸다. 9월 20일 두 시간, 이날 두 시간, 총 네 시간에 걸쳐 윤 기자에 대한 심문 형식의 성토가 이뤄졌고, 결국 윤 기자를 제외한 전체 기자들의 의견

---

102 H임원은 경기방송 보도국 기자들의 사내소통 밴드 'KFM 보도국'에 본문과 같은 글을 썼다. 9월 20일 오후 1시 5분 경이었다.
103 H임원이 경기방송 보도국 기자들의 사내소통 밴드 'KFM 보도국'에 쓴 글. 9월 20일 오후 1시 5분 경 게시.

이 담긴 '보도국 성명서'가 채택, 발표됐다. 주요 내용은 기자협회 성명서를 철회하고 협회장 징계를 요구하며 시민단체와 정치권 등은 더는 경기방송을 흔드는 '언론탄압' 행위를 중단할 것을 촉구하는 메시지였다. 회사 측은 이 성명서를 경기방송 홈페이지 공지사항에 게시해 많은 사람이 볼 수 있게 조치했다.

<경기방송 보도국 기자들의 성명서>

한국기자협회 경기방송지회 회원인 경기방송 보도국 기자들은 윤종화 경기방송 지회장이 2019년 9월 20일 내외부에 공표한 성명서에 대해 깊은 유감을 넘어 분노를 표시합니다. 경기방송 보도국 일동은 오늘(23일) 오전 10시 긴급회의를 열고 이번 사태에 관련한 회원들의 입장을 정리했습니다. 윤종화 경기방송 지회장은 앞서 지난 20일 "친일, 역사 왜곡 논란 발언, 현준호 총괄본부장은 사퇴 약속을 즉각 이행하라!"라는 성명서를 공표했습니다. 윤 지회장은 이번 성명서 공표에 대해 인천경기기자협회의 유권해석을 거쳤으며, 회원들의 동의를 개인적으로 구해 법적인 책임이 없다는 입장입니다. 이에 보도국은 윤 지회장이 공표한 성명서에 대해 동의를 구한 적이 있는지에 대한 사실 확인 절차를 거쳤습니다. 참석자 15명의 기자 가운데 1명의 기권을 제외하고는 회원 모두에게 동의를 구하지 않은 것으로 확인됐습니다. 그동안 보도국 일동은 윤 지회장에게 여러 차례의 해명 기회를 주었으며, 자신의 잘못에 대해 책임 있는 행동으로 사죄할 것을 요청했습니다. 그런데도 윤 지회장은 현재까지도 본인의 잘못을 인정하지 않고 있습니다. 이에 보도국 기자들은 회사의 근간을 뒤흔드는 사태를 일으키고도 모자라 슬그머니 기자협회 경기방송 지회

의 이름까지 팔아 개인적 감정을 드러냄으로써 지회 회원 전체를 욕되게 만든 윤종화 지회장에 대한 징계안을 상정했으며, 기자협회 차원의 징계 절차를 이어나갈 예정입니다. 이어 윤종화 지회장 단독으로 발표한 성명은 일방적인 허위 주장이기에, 우리의 주장을 아래와 같이 발표하고자 합니다.

하나, 경기방송 보도국 기자들은 현 사태 해결을 위해 2명의 관련자 (노광준, 윤종화)에게 더는 회사의 명예를 훼손하거나 손실을 초래하는 외부 밀고행위를 즉각 중지할 것을 촉구한다.

하나, 이번 성명서에 대한 진위 등 사실 확인을 거치지 않고 보도한 '미디어오늘'과 '노컷뉴스' 등 언론사들은 즉각 정정 보도를 이행할 것을 촉구한다.

하나, 경기도의회와 도의회 민주당, 일부 시군과 의회 등은 윤종화 지회장의 일방적인 주장만을 믿고, 예산을 인질로 삼아 민영방송사의 인사까지 개입하는 등 초유의 '언론탄압'을 자행한 데 대해 즉각 중단할 것을 요청한다.

2019년 9월 23일 경기방송 보도국 기자 일동

직원 전체보다 H 한 사람을

9월 23일, 경기방송 홈페이지 공지사항에는 보도국 성명서와 함께 또 다른 성명서가 관리자에 의해 게시됐다. '경기방송을 사랑하는 직원들의 입장'이라는 제목으로 주로 경영팀, 마케팅팀 등 지원부서 직원들의 뜻을 모아 발표한다는 이 성명서였다. 작성자들은 제보자들을 허위왜곡 제보를 일삼는 '밀고자들'이라고 비난했다.

"왜곡 허위 내용으로 일삼는 밀고행위 중단하고 회사를 떠나라."[104]

단순한 직원들의 입장이 아니었다. 성명서는 H 발언이 이뤄졌던 식사 자리에 동석했던 직원들의 증언을 토대로, 제보가 왜곡됐다고 주장했다.

---

104 경기방송을 사랑하는 지원부서 직원 일동 (경영팀, 마케팅팀, 기술팀 중 기술팀사원 2명은 반대의 사를 표명), [성명서] "왜곡 허위 내용으로 일삼는 밀고행위 중단하고 회사를 떠나라" <회사 2명의 단편적인 허위주장을 토대로 보도한 언론사들도 각성하고 즉각 정정보도할 것을 요구한다>, (경기방송 누리집, 2019.9.23)

"이 성명에 동참한 직원 중에는 식사 중 H 말을 문제 삼은 8월 5일 같이 동석하기도 했었지만, 이들 2명의 직원이 제보한 내용과 완전히 다른 맥락이었습니다. 그러니까 앞과 뒤를 자르고 편집된 채 '자극적으로 들리게끔 하는 부분만 잘라서 왜곡된 내용'이 제보됐다는 의미입니다."[105]

성명이 발표된 9월 23일 이전에 이미 허위제보임을 증명하려는 작업(혹은 조사)이 이뤄져 왔음을 시사한다. 실제로 위 성명서에 뜻을 같이한 직원 중 상당수는 이후 열린 징계위원회에서 회사 측 징계위원으로 참여해 제보자들에 대한 해고 결정을 내렸다. 부당해고를 다투는 지방노동위원회 심문 회의에 회사 측 증인으로 출석해 제보가 왜곡됐다고 주장했다.[106]

9월 25일 수요일 오후 3시, 이사회가 열렸다. 등기이사 신분이던 H 임원도 참석했다. 이 자리에 L 경영부국장이 참석해 제보내용에 대한 회사 측의 진상조사 결과를 보고했다. 제보내용의 진위를 조사했다는 사측은 정작 제보 당사자인 우리들을 조사하지 않았다. 조사하고 있다는 사실조차 알리지 않았다. 이사회는 그런 조사결과를 토대로 모종의 결정을 내렸다. 이사회 결정사항은 사내에 바로 부착됐다. 오후 6시 30분 경이었다.

<경기방송 이사회 의결사항>

1. 신규 임원 선임 의결

---

105 경기방송을 사랑하는 지원부서 직원 일동 (경영팀, 마케팅팀, 기술팀 중 기술팀사원 2명은 반대의사를 표명), [성명서] "왜곡 허위 내용으로 일삼는 밀고행위 중단하고 회사를 떠나라" <회사 2명의 단편적인 허위주장을 토대로 보도한 언론사들도 각성하고 즉각 정정보도할 것을 요구한다>, (경기방송 누리집, 2019.9.23)

106 회사측 징계위원 7명 중 4명이 본문에 소개된 성명서 발표에 동참한 지원부서 직원들(경영팀 2명, 사업마케팅팀 2명)이었고 나머지 3명은 보도국 성명서 발표에 주도적으로 참여한 기자들이었다.

제작부문 사장 OOO

보도부문 사장 OOO

전무이사　　　H

2. 징계 의결 요구사항

제작팀 노광준 제작팀장

보도팀 윤종화 차장대우

만장일치 의견으로 징계위원회 의결 전까지 대기발령에 처함.[107]

사퇴한다고 약속했던 H는 전무이사로 승진하고, 제보자들은 대기발령 상태로 징계위원회에 회부된 것이다. 어떤 명분이었을까? '이사회와 절대다수 주주' 명의로 작성된 입장문이 함께 사내에 게시됐다.

<경기방송 임직원들에게 고함>[108]

경기방송 이사회, 절대 다수 주주들의 입장

- 회사 이사들과 절대 다수 주주들은 이번 사건을 경영권에 대한 도전을 넘어 '회사 침탈행위'로 규정한다 -

(중략)

- 우리 주주들(약 70%)의 주주들은 같은 주주인 H임원에게 모든 권한을 이미 위임했습니다.

107　2019년 9월25일 오후에 경기방송 사내에 게시된 '사령'은 '경기방송 대표이사 직무대행' 명의로 시행일자는 2019년 9월25일, 발령일자는 2019년 9월26일로 명시되어 있었다.

108　주식회사 경기방송 이사회 이사 및 주주들(약 70%) 일동, '경기방송 임직원들에게 고(告)함' (경기방송 사내게시인쇄물 A4 4쪽 분량, 2019.9.25)

우리는 직원 전체와 H임원을 놓고 선택하라고 하면, 생각할 필요조차 없이 H임원을 선택할 것입니다. 이유는 여러분들이 더 잘 아시리라 생각됩니다만, 그동안 보아온 우리 직원들은 가랑잎이 흔들이는 미풍에도 내부에서만 물고 뜯고, 해사행위를 밥 먹듯 하는 동정의 가치도 없는 직원이 많았습니다. 그래서 그런 직원 다수보다 주인의식으로 똘똘 뭉쳐 회사를 구하고자하는 직원과 임원이 훨씬 더 가치 있고 절실하기 때문입니다.

여러분들은 이런 경영자를 이미 온갖 음모의 굴레를 씌워서 흙탕물에 버렸고, 22년을 쌓아온 회사까지 난도질했습니다. 정작 책임을 져야 할 가해자는 뻔뻔하게 남아 있고, 주주들의 위임을 받은 경영자가 막대한 피해를 보고 물러나는 것은 결단코 정의가 아니라는 게 우리의 입장입니다.

경영권 도전을 넘어 회사를 파탄지경으로까지 끌고 간 이들과 그 주변 세력에 대해서는 징계뿐만 아니라, 그 어떤 희생이 뒤따르더라도 모든 법적 책임도 동시에 지게 할 방침입니다. 회사와 감정적인 언론사에 동료 상사를 밀고하고, 경쟁적 방송사에 회사를 갖다 바치는 것과 다름없는 짓을 한 회사 간부를 더는 두고 볼 수만은 없습니다. 앞으로는 외풍을 먼저 막아내고, 내부 문제는 내부에서 진지하게 풀어나가야 마땅합니다.

사회정의를 위해 당당하게 맞서지 못한 채, 또 당신들의 회사도 제대로 지키지 못한 채, 경영권에 대해 도전하는 이런 사태가 또다시 벌어진다면 우리가 선택해야 할 길은 단 한 가지밖에 없습니다. 그 길은 회사의 매각, 또는 더 최악의 경우에는 더 나아가 회사 청산까지도 각오할 것이란 사실을 모두에게 강조하고자 합니다. 아무쪼록 하루빨리 회사의 정상화를 위해 임직원 모두 매진해 주실 것을 기대하고, 또 바라는 바입니다. 감사합니다.

2019. 9. 25 주식회사 경기방송 이사회 이사 및 주주들(약 70%) 일동

이번 사건을 경영권에 대한 도전을 넘어 회사 침탈행위로 규정한다는 문구로 시작하는 A4 용지 4쪽 분량의 입장문은, 이번 사태를 바라보는 경영진과 주주들의 입장을 딱 석 줄로 명쾌하게 정리했다.

"우리는 직원 전체와 H를 놓고 선택하라고 하면, 생각할 필요조차 없이 H를 선택할 것입니다."[109]

최악의 경우 '회사 청산까지 각오해야 할 것'이라고 경고했다. 이 무렵 이미 그들은 폐업까지 염두에 두고 있었음을 알 수 있다.

당시 경기방송에 출연하던 교육전문가는 사내에 부착된 위 입장문을 본 소감을 이렇게 전했다.

"제 눈을 의심했어요. 마치 70~80년대 군사독재 시대에 붙어있던 게시물 같아서 날짜를 확인해보니까 2019년이더군요."

훗날 이 사태를 취재했던 전문지 취재기자는 데스크가 이사회 입장문이 사실이냐고 의심해 원문을 입수해 보고하고 나서야 기사가 게재될 수 있었다고 털어놨다.

"(데스크에서는) 직원 전체보다 H를 선택할 거라는 말이 이사회 공식 입장일 리 없다고 안 믿으시는 거예요. 어쩔 수 없이 원문을 보여드렸죠."

어떻게 21세기에 이런 일이 있느냐는 상식적인 질문이다.

더 무서운 사실은 '침묵'이었다. 위 입장문에 대해 누구도 입을 열지 않았다. '전체 직원보다 H 한 사람을 선택하겠다'라는 이사회와 주주들의 입장문에 대해 전국언론노동조합도, 한국기자협회도, 한국피디협회도 아무 말도 하지 않았다. 2019년 9월25일이었다.

---

109 주식회사 경기방송 이사회 이사 및 주주들(약 70%) 일동, '경기방송 임직원들에게 고(告)함' (경기방송 사내게시인쇄물 A4 4쪽 분량, 2019.9.25)

아
수
라

대기발령

제보자들은 명함 한 장 못 들고 쫓겨나왔다. 윤종화는 군포에서 취재를 끝내고 집으로 가는 길이었고, 노광준은 서울에서 피디 전문 교육을 받고 집으로 가는 M버스를 기다리던 중 문자를 받았다.

-자택 대기발령을 통보함.

9월 27일, 경기 민언련이 성명을 발표했다.[110] 직원 전체보다 H임원 한 사람을 선택할 거라는 경기방송 이사회 성명서에 대해 공식적으로 입장을 밝혔다.

"소유, 경영의 분리 원칙을 위반하고, 문제의 당사자에게 전권을 위임한 이번 이사회는 방송의 공공적 역할을 포기하고 한 개인에 의존하여 이익을 추구하는 사기업의 길을 선택한 것이다."[111]

---

110   경기민주언론시민연합, '경기방송 이사회 결정(9월25일)에 관한 경기민언련 입장' (경기민언련 누리집, 2019.9.27)
111   경기민주언론시민연합, '경기방송 이사회 결정(9월25일)에 관한 경기민언련 입장' (경기민언련 누리

경기민언련은 이사회의 '회사 청산' 언급에 대해서도 '이참에 청산하고 경기도민에게 넘겨주라'라고 응수했다.

"지방자치 확산과 풀뿌리 민주주의 확장을 위해서 언론의 역할은 매우 중요하다. 정부와 지방자치단체는 방송의 공공적 역할을 위해 세금을 광고, 홍보의 형태로 지원하고 여러 혜택을 주는 이유다. 공공적인 역할을 포기하고 사기업의 길을 선택하려면 차라리 각종 지원을 포기하고 독립적인 운영을 선언하든지, 아니면 이번 기회에 회사를 청산하고 경기도민에게 그 권한을 넘겨주기 바란다."[112]

아이러니하게도, 그렇게 되고 있다. 회사 청산을 언급한 이사회는 정말로 5개월 뒤 자진 폐업을 선언했고, 경기도민에게 넘겨 달라고 언급한 경기민언련은 현재 정파 상태인 99.9를 경기도형 공영방송으로 재건하는 준비위를 꾸리고 있다.

"쉬다 : 자신을 돌아보는 시간"[113]

대기 발령 중이던 노광준은 국어학자 조현용이 쓴 '우리말 선물'이라는 책을 읽으며 '쉼'의 의미를 곱씹었다. 평소처럼 일어나 자녀 등교를 돕고 설거지하고 밥을 했다. 날씨 좋은 날 가을 산을 만끽한 뒤 집에서 곤드레밥을 차려 먹을 때 절로 '무소유의 삶'이라는 사색적인 언어가 떠올랐다. 19년 3개월 동안 느껴보지 못한 삶이었다. 가끔 반가운 카톡도 왔다.

집, 2019.9.27)

112　경기민주언론시민연합, '경기방송 이사회 결정(9월25일)에 관한 경기민언련 입장' (경기민언련 누리집, 2019.9.27)

113　조현용, '우리말선물' (마리북스, 2016), 46쪽

'부장님, 어딘가 부장님을 응원하는 한 사람이 더 있다는 거 꼭 알아주세요.'

어려울 때 친구가 진짜 친구라는 말을 떠올리며 혼자 미소지었다. 휴대전화 달력을 보니 10월 6일, 다음날은 징계위원회가 열리는 날이었다. 이날 경기지역의 시민사회와 노동단체들이 성명을 발표했다.

"징계가 예정된 당사자에 대한 징계절차를 즉각 백지화하고 방송국 정상화를 위한 제도를 마련하라."[114]

경기시민사회단체연대회의와 경기 공동행동, 민주노총 경기본부는 10월 6일 성명을 통해 H임원 사퇴와 징계 백지화뿐 아니라 경기방송에 대한 지자체 광고 후원 중단을 요구했다.

"방송의 공공적인 역할을 외면하고 이익을 추구하는 사기업을 선택했으니, 우리들의 세금이 지원되어서는 안 된다. 지방자치단체는 사적인 기업에 광고 후원을 즉각 중단하라."[115]

징계위원회

10월 7일 월요일 오후 2시, 징계위원회가 열렸다. 경기방송 4층 대회의실에는 L을 징계위원장으로 하는 사측 징계위원 7명과 노측 징계위원 3명이 둘러앉아 노광준, 윤종화를 차례로 불러 질문을 하고 소명을 들었다.

"질문할게요. 예, 아니오로만 답변해주세요."

---

114 이재진, 「경기방송 사태에 분노해 뭉친 경기도 시민사회」 (미디어오늘, 2019.10.7)
115 이재진, 「경기방송 사태에 분노해 뭉친 경기도 시민사회」 (미디어오늘, 2019.10.7)

이렇게 시작된 징계위원회는 노광준에 대해 1시간, 윤종화에 대해 1
시간 10분여에 걸쳐 진행됐다.

징계위원 : H께서 '문재인 때려죽이고 싶다'라고 말하는 걸 정말 들
었습니까?

노광준 : 예.

징계위원 : 저도 그 자리에 있었는데, 그런 말씀 하신 적이 없어요.

노광준 : 제 기억으로 위원님께서는 당시 옆자리에서 다른 손님과
계셨습니다.

징계위원 : 무슨 소리…, 저도 그 자리에 분명히 있었습니다.

회사 측 징계위원들의 질문은 대부분 허위제보, 명예훼손, 회사손실
초래 쪽으로 맞춰졌다. 비슷한 질문들이 반복되고 또 반복됐다. 마치
한 마디의 실수도 놓치지 않고 잡아내겠다는 기세였다. 노광준에 대
한 소명절차가 끝나고 윤종화가 들어갔다. 역시 허위제보에 대한 질
문이 꼬리에 꼬리를 물고 이어졌다.

징계위원 : H께서는 승무원들하고 골프를 친 적이 없다고 하십니다.

윤종화 : 전 분명히 간부회의 자리에서 말씀하신 걸 들었습니다.

징계위원 : 간부회의에 참석했던 사람 모두 그런 말 들은 적 없다고
하는데요.

H의 보도개입이라는 본질과는 무관한 '승무원 골프'를 놓고 진실공
방을 벌이더니 회사 측은 또 다른 의혹을 제기했다.

'직장내 괴롭힘'

보도2팀장이던 윤종화 기자가 보도1팀장이던 A모 기자(여성)를 폭언 등으로 괴롭혔다는 것이다. 해당 기자는 극심한 스트레스로 병원 치료까지 받았다고 증언했고 회사는 윤종화에 대한 또 다른 징계 사유로 '직장 내 괴롭힘'을 올린 것이다.

윤종화 기자는 어이가 없었다. "그런 사실도 없을뿐더러, 그분은 20년 차 기자 선배이고 보도1팀장 부장으로 저의 상사입니다. 제가 어떻게 윗사람을 괴롭힙니까?"[116]

더 놀라운 사실은 괴롭힘을 당했다고 문제를 제기한 당사자(A 보도팀장)가 사측 징계위원이 되어 심문하고 평가를 내린 것이다. 훗날 경기지방노동위원회는 이를 절차상 하자로 판단했다.[117]

10월 21일, 징계위원회가 끝난 뒤 2주일이 지났는데도 아무런 통보가 없을 무렵, 어느 프리랜서 진행자로부터 문자가 왔다.

"제가 모든 상황을 알지는 못하겠지만, 그래도 무엇이 옳은 일인지는 분별 있는 사람들이라면 누구나 알 수 있고, 알고 있습니다. 누가 비열한 짓을 하고 있는지도요. 그러니 팀장님! 무엇보다도 몸과 마음의 건강을 잘 챙기셨으면 합니다."

11월 5일 화요일, 조직개편이 발표됐다. 사장은 두 사람(보도부문 1

---

116 윤종화 기자는 사내 징계위원회 뿐 아니라 경기지방노동위원회 심문회의(2020.3.7), 중앙노동위원회 심문회의(2020.6.26)에 출석해 일관되게 진술했다.

117 경기지방노동위원회, '경기지방노동위원회 판정서 : 경기2020부해24 주식회사 경기방송 부당해고 구제신청' (경기지방노동위원회 판정서 정본, 2020.3.9 판정), 29쪽
"상사에 대한 괴롭힘 행위의 피해자라고 주장하는 000 보도1팀장을 이 사건 근로자2의 징계를 심의하는 징계위원회 위원으로 참석시킨 것은 이해관계인의 참여를 금지하는 명시적인 규정이 없더라도 신의칙에 반하는 것으로 절차상 하자가 존재한다."

인, 제작부문 1인) 이었는데 보도부서와 제작부서는 하나로 합쳤다.[118] 통합된 보도제작부서의 국장도 기자 출신, 그 밑의 부장도 기자 출신이었다.[119] 이들은 모두 H임원의 지휘를 받게끔 되어있었다. 그리고 편성책임자 겸 제작팀장은 이들 밑에서 지휘를 받게 되는, 방송의 독립성을 전혀 담보할 수 없는 조직개편이었다. 훗날 프로그램 개편안에 대한 불합리한 윗선 개입 논란이 터져 나왔다.[120] 조직개편 당시부터 이미 예견된 일이었다.

그날 오후, 제보자들은 집에서 등기우편물을 받았다.

해고통지서였다.[121]

귀하에 대한 징계결과를 아래와 같이 통보합니다.

1. 징계의결결과 : 해고

2. 해고일 : 2019년 11월 4일

3. 해고사유 : 해사행위 등

---

118   경기방송이 방송통신위원회에 제출한 '경영의 투명성 제고를 위한 이행 계획'에 따르면 이날 단행된 조직개편은 '권한 분산을 위해 대팀제에서 국체제로 조직을 개편하였다'라고 명시되어 있었고 이 내용은 2019.12.30 제67차 방송통신위원회 회의에서 공개되었고 필자는 방통위 누리집에 공개된 속기록을 보고 확인했다.

119   경기방송의 2019.11.5. 조직개편 및 구체적인 인사내용에 대해서는 당시 정수열 대표이사 명의로 게시된 사내게시물 '조직개편 시행 및 인사발령에 대한 부가 안내'에 자세히 거론되어 있었고 필자는 복수의 경기방송 직원들과의 전화통화를 통해 이를 확인하였다.

120   송창한, '경기방송은 여전히 H임원 체제?' (미디어스, 2020.2.12)

121   통보된 해고통지는 대표이사 직인이 찍힌 해고통지가 아니라 경기방송 직인이 찍힌 '징계의결결과 통보서'(2019.11.5)로 징계의결결과(해고)와 해고일(2019.11.4), 해고사유(해사행위 등) 및 재심청구안내를 하며 징계위원회 심의결과 통보서를 첨부하였다.

오늘 해고되었습니다

11월 6일 화요일 아침 수원의 광교도서관, 노광준은 열람실 노트북 석에 일찌감치 자리를 잡고 글을 썼다. 아침부터 안부를 묻는 전화가 오고 있었다. 선배의 전화였다.

"해고통보서 볼 때 기분이 어떻든? 우리 부인도 해고됐을 때, 그럴 줄 알았고 이후에 어떻게 해야 할지 다 알고 있었는데도 막상 해고통보를 받으니까 가슴 한쪽이 무너져내리는 것 같다며 한 달 정도 마음을 못 잡더라고. 그 심정 누가 알겠니, 아무도 모를 테지만, 광준아! 그래도 힘내라."

그랬다. 그럴 줄 알고 있었지만, 막상 받고 나면 가슴 한쪽이 무너져내리는 기분이었다. 49세 해고자가 된 노광준은 어떻게든 무너져내리지 않기 위해 '글'을 택했다. 억울함을 호소하기 위함이 아니라 자신의 일상을 객관화하고 무던하게 돌봐나가는 글쓰기, 내가 나를 취재해 복직할 때까지 올릴 요량이었다. 자판을 두드리자 마음이 차분해지고 주변이 정리됨을 느꼈다. 오후 1시경 첫 번째 글이 완성됐다.

<오늘 해고되었습니다>

결국, 만으로 19년 5개월 직장생활 끝에 유급 안식 휴가를 얻게 되었군요, 그렇게 부러웠던 안식 휴가였는데 이런 식으로 누릴 줄이야. 제 딴에는 '부당해고를 당한 만큼 푹 쉬다가 복직해 월급 다 받으면 그게 안식 휴가 아니겠냐'는 생각입니다. 물론 부당해고인지 여부는 다퉈봐야 알겠지만, 제가 어떻게 해고되었는지 딱 5분만 귀 기울여 들으신다면 적어도 고개 정도는 끄덕여주시지 않을까요.

저는 라디오 피디입니다. 경기방송(FM 99.9)이라고 22년 되었는데 회사에서 홍보를 너무 잘(?)하셔서 아직도 잘 모르시는, 하지만 너무 중요한 경기지역 지상파 라디오 채널입니다, 지역민방입니다. 서울에 SBS 라디오가 있다면 경기도에는 경기방송. 거기서 저는 편성책임자 겸 제작팀장으로 일했습니다. 간부죠. 억대 연봉은 아니지만 그래도 남부럽지 않은. 가늘고 길게 가자는 주의여서 승진에 목숨 걸지도 않았고 그저 제 할일 충실하며 남에게 피해는 주지 말자는, 그렇게 소소한 일상을 살던 저에게 지난 여름 이상한 일이 생겼습니다.

일본의 아베 정권이 우리나라 기업들에 대한 경제 조치를 시작할 무렵이었죠. 갑자기 그분께서 회식 자리에서 이렇게 말씀하셨습니다.

"강제징용 판결은 잘못된 거야. 65년 한일협정 때 일본에 돈 받고 다 끝난 거를 갖고 우리나라 대법원이 억지 쓰는 거라고. 일본 말이 맞아."

헐. 놀랐지만 그냥 좋게 생각했습니다. 이분께서 우리 직원들 역사교육 시키려고 이러시는구나, 하면서요. 이래 봬도 제가 한국사 1급이거든요. 회식 후 찾아봤죠. 역시 맞더군요. 진짜 억지를 피우는 건 일본이라는 게. 65년 한일협정 당시 일본이 준 돈은 일본인 스스로도 위법행위 배상이 아닌 독립 축하금이었습니다. 국제법상 개인에 대한 위법행위는 국가 간

123

협약으로 해소될 수 없고요, 하지만 일본은 강제징용 자체를 부정하며 우리 대법원의 판결을 정부가 어떻게 해보라는 이상한 억지를 부리고 있었습니다. 저는 그렇게 그분 덕에 확실한 역사 공부를 할 수 있었습니다. 그냥 그랬습니다.

그런데 다음 주 간부 회의에서 그분은, "문재인이 보면 '무식하면 용감하다'라는 말이 떠오른다니까." 이러시는 겁니다. 물론 대통령 욕이야 민주주의 사회니까 할 수 있죠. 그런데, 일본의 부당한 경제 조치에 굴하지 않고 맞서는 우리 정부를 조롱하고 비난하는 건 좀 아니지 않은가 싶었습니다.

그분은 문재인 정부가 일본에 맞서면서 삼성 등 우리나라 반도체 다 망하게 생겼다고 열변을 토했습니다. 삼성관계자에게 들었는데 앞으로 석 달을 못 버틸 거라고. 석 달을 못 버틴다고? 그날은 삼성전자 주식이 많이 오른 날입니다. 시장은 알고 있던 거죠. 망하는 건 삼성이 아니라는 걸. 그날도 저는 좋게 생각했습니다. 아 이분께서 우리 간부들 경제 공부시키려고 이러시는구나, 하면서 정말 '무식하면 용감하다'라는 말이 맞다고 생각했습니다. 그냥 그랬습니다.

그런데 그 다음 주 월요일, 그러니까 2019년 8월 5일, 장난이 아닌 상황이 발생합니다.

"문재인이 때려죽이고 싶다."

그분이 혼자 5~6분간 열변을 토하는 겁니다. 그 자리는 간부회의 끝나고 사장님 모시고 모든 간부가 모여서 식사하는 자리였습니다.

"불매운동은 (우리 역사) 100년간 성공한 적이 없다. 물산장려니 국채보상이니 성공한 게 뭐 있나?"

"아사히 맥주 사장이 무슨 죄 있나? 유니클로 사장이 죄 있나?"

"유니클로에 사람 없어 보이도록 방송들이 일부러 (유니클로) 아침에 문 열자마자 준비하는 사이에 카메라 들고 들어가 찍는다. 그 카메라도 다 일제 소니건데 이율배반 아닌가?"

"우매한 국민 속이고 반일로 몰아간다. 지네 총선 이기려고."

헐, 저는 기억력이 좋은 사람이 아니지만, 당시 너무 충격적이어서 그날 그분의 말이 지금도 생생하게 떠오릅니다. 마치 극우 유튜버의 방송을 보는 듯, 차라리 유튜버였다면 안 보면 그만일 것을, 그분은 본인 스스로 자신을 최고운영자라고 부를 만큼 우리 방송의 보도와 제작과 경영 모든 것을 총괄 운영하는 H였기에, 솔직히 두려웠습니다. 저분 성격에 분명히 보도나 제작에 개입할 텐데, 저런 방송하는 순간 우리 방송은 끝이라는 생각이 들었습니다. 그러고 있을 때 그분이 갑자기 음식점 점장을 부르더니 이런 말을 하는 겁니다.

"점장, 아사히 맥주 숨겨놓고 팔지 말고, 오늘부터 앞에다 내놓고 파세요."

청취자들에게 미안했습니다. 자발적으로 불매운동에 나서 매출 감소를 감수하면서도 일본 맥주를 안 팔고 있는 편의점주들, 택배하시는 분들. 그런 분들이 우리 라디오를 듣고 계시는데, 왜 그런 의식 높은 청취자들이 '우매한 국민들'로 매도되어야 하는지.

옆에 있던 윤종화 보도2팀장은 참담했다고 합니다. 아이가 둘이지만 저런 사람 밑에서 월급 받는 자신이 한심했다고 합니다. 밥숟가락을 일찍 놨고, 다른 간부들이 호호하하 그분의 장단 맞춰주며 커피집으로 이동하는 동안 우리는 쓱 빠져나왔습니다.

딱 둘이었습니다. 저와 윤종화. 무엇을 할 수 있을까, 어떻게 하면 저런 친일 논리로부터 우리 방송의 편성과 보도를 지켜낼 수 있을까, 고민 끝에 언론제보를 결심했습니다. 내부에서는 답이 없었으니까요. 그분은 무려 7년간 중직에 계시는 등기이사 겸 8.5% 주식보유 주주이기에.

저희는 기자를 만났습니다. 녹취록이 없느냐고 묻더군요. 없다고 답했습니다. 그런 말씀 하실 줄 몰랐고 원래 녹취 같은 거 싫어해서요. 대신 이런 말씀 드렸습니다.

"저희 이름 밝히는 실명 인터뷰를 하겠습니다."

그래도 괜찮겠냐고 걱정하시기에, 저희가 실명 제보를 하는 두 가지 이유를 말씀드렸습니다. 첫째는 저희 모든 걸 걸고 진술의 신빙성을 보증하는 것이고, 둘째는 경기방송에도 양심의 목소리가 있음을 증명하기 위해서라고. 그렇게 8월 12일 기사가 나갔고 그야말로 난리가 났습니다. 수천 개의 댓글이 달렸고 여기저기서 규탄성명이 나왔고 심지어 얌전한 저희 방송 노조도 2시간의 총회 끝에 그분의 퇴진을 촉구하는 성명서를 채택했습니다. 그러자 회사는 8월 19일 전직원 총회를 열고 그 자리에서 그분이 직접 나와 물러나겠다는 약속을 했습니다. 추석 전후로 나가겠다. 등기이사직도 내놓겠다. 가진 주식도 팔겠다. 그리고 대표이사 명의의 대국민 사과문도 발표되었습니다.

"해당 간부는 이번 사태에 책임을 통감하여 진심 어린 사과와 함께 사퇴 의사를 분명히 밝혔음을 알려드립니다."(2019년 8월 19일 경기방송 대표이사 박영재)

그런데, 딱 거기까지였습니다. 그다음부터는 사주의 시간이었습니다. 달아올랐던 반일 정국이 엉뚱하게도 조국 정국으로 바뀌면서 경기방송에도 이상한 일들이 벌어졌습니다. 물러나겠다는 그분은 사내게시판에 저희에 대한 비판글을 올리셨고 이사회 직후 대표이사가 먼저 그만두신 겁니다. 혹시나, 이상했습니다. 22%를 갖고 있는 1대주주는 한국 사업가이지만 실질적으로 19%를 갖는 2대주주(전임회장)는 일본에서 사업을 하는 재일교포이시거든요. 느낌이 안 좋았지만, 그래도 한국인들이신데 그럴 리가 했는데, 9월 25일 이사회 명의의 포고문이 발표됩니다. 제목이 이랬습니다.

"경기방송 임직원들에게 고함."

이사회 자체조사결과 저희 제보가 사실과 다른 허위제보였고 경영권을 넘어 회사를 침탈하려는 중대행위였다며 저희에 대해 중징계를 하고 물러나겠다고 하셨던 그분에게 모든 사태수습을 맡긴다는 요지였습니다. 조사를 어떻게 하셨는지 모르겠습니다. 왜 저희 의견도 안 듣고 결론을 내셨는지, 직후 저희는 대기발령 신세가 되었고 그분은 전무이사로 승진하였습니다. 10월 7일 징계위원회가 열려서 가보니 저희에게 허위제보로 회사의 명예를 실추시키고 광고하락 등 재산상 손실을 끼친 데 대한 책임까지 묻겠다고 하시더군요. 저희는 이렇게 답했습니다.

"저희 제보는 허위가 아니었고 경기방송의 명예실추 및 재산손실의 책임은 문제 발언의 당사자이자 물러나겠다는 자신의 약속까지 뒤집은 그분께서 지셔야 합니다."

이후 금방 통보될 것 같던 징계결과가 안 오고 저희는 40일간의 대기발령 상태를 지속했습니다. 그리고 어제, 결국 징계위원회 열린 지 28일 만에 해고통보가 왔습니다. 시급되었던 태블릿 피씨와 사원증 반납하라는 공지도 함께.

해고 첫날, 저는 지금 평상시와 똑같이 아침 운동을 마치고 아이의 등굣길 라이딩을 한 뒤 사무실 대신 동네 도서관으로 출근해 노트북 앞에 앉아있습니다. 어느새 점심시간이네요. 전에는 뭐 먹을까 고민하며 음식점 골목을 헤매었는데, 이제는 집에서 뭐 해 먹을까 고민하며 가방 메고 집으로 향하게 됩니다.

끝은 새로운 시작이라고 합니다. 오늘부터 새로운 싸움이 시작되었습니다. 제가 이 글을 쓰는 이유는 저의 억울함을 호소하거나 누군가를 욕하기 위함이 아니라 제 자신을 위해서입니다. 그냥 있으면 저는 노광준이라는 49세 해고자이지만 글을 쓰게 되면 저는 노광준이라는 해고자의 일상을 취재해 글을 올리는 작가 노광준이 되어, 보다 짜임새 있고 객관화된 시각을 갖추게 될 것 같아서, 매일은 아니지만, 틈틈이 해고일기를 올리고자 합니다. 과연 이 글의 엔딩이 어떻게 귀결될지 아직은 모릅니다. 다만 하루하루 매 순간을 열심히, 그러나 넉넉하게 살고자 합니다.[122]

122 노광준, '오늘 해고 되었습니다.' (노광준의 페이스북, 2019.11.6), 페이스북 페이지(url) : https://m.facebook.com/story.php?story_fbid=2524202857648257&id=100001757011928

SNS의 나비효과

　글을 올린 직후 생각지도 못한 일들이 벌어졌다. 자고 일어나면 페이스북 친구들이 늘어났다. 멀리 아프리카 모잠비크에서 친구신청이 왔고 전국 각지에 사는 다양한 사람들과 친구를 맺게 됐다. 워낙 많이 들어와서 어느새 휴대전화를 잡을 때마다 친구신청을 확인하고 그 가운데 이상야릇한 신청 거르고 친구 수락을 누르는데 10분 이상 걸리는 호사를 누렸다. 700여 명이던 친구가 한 달 새 2천5백 명을 넘어섰다.

　"가방을 메고 도서관에 가는 모습이 눈에 보이는 것 같습니다. 작가이자, 그리고 제겐 아직 라디오 피디님이신 노광준 님을 멀리서나마 응원합니다. 드릴 수 있는 게 말뿐이지만, 묵묵히 가시는 그 용기에 존경을 담아 보내드립니다. 힘내세요."[123]

　974개의 댓글이 달렸다. 힘내라는 말 한마디가 열 번 이어지고

---

[123]　노광준의 페이스북 글 '오늘 해고 되었습니다.'(2019.11.6)에 달린 댓글 중 하나로 호주 시드니에 거주하는 누리꾼(이아무개님)이 2019.11.7에 작성한 댓글이다. 페이스북 페이지(url)
: https://m.facebook.com/story.php?story_fbid=2524202857648257&id=100001757011928

백 번이 넘어가자 거대한 힘이 되고 눈물이 되어 가슴을 뛰게 했다. 4,429명이 공감 버튼을 눌렀다.

"(읽는데) 5분 이상 걸렸습니다. 세상이 이렇게 뒤통수를 치는 일이 있습니다. 싸워서 이기시기 바랍니다. 응원합니다."

"저도 해고된 경험이 있는 일인으로 응원합니다. 억울하고 잠을 못 이룰 정도로 힘들고 괴로웠던 시간이었습니다. 모함에 빠졌던 시간이었지요. 하지만 견디고 헤쳐나갈 생각으로 이겨내니 곧 더 좋은 일이 생기더군요. 멀리서 응원합니다."

"보자마자 허락 없이 뉴스공장 제보 게시판에 글을 복사해서 올렸어요. 안 내릴 겁니다. 힘내세요!!!"

"기운 내십시오. 그리고 잘하셨습니다. 자녀들한테 부끄러운 아버지가 아니어서 다행입니다."

"옳은 길 바른길 가는 게 결국 승리하는 거라는 걸 보여주세요!! 멀리서나마 지원 사격하겠습니다."

"노광준 PD님! 항상 응원하겠습니다. 정의가 무엇인지 그 사람들은 모른 체 망각하는 모습이 경상도 표현으로. 진짜 쪽팔리네요.모두 홧팅!! 입니다!!"

"정상적이지 못한 일들이 거기도 있군요. 저도 말도 안 되는 일을 겪어봐서 잘 알지요. 힘내십시오. 결국, 정의가 승리한다고 말하고 싶지만, 꼭 그렇지도 않더라고요. ㅎ 하지만 적어도 고개는 들 수 있습니다. ㅎㅎ"

"유급 안식휴가 맞습니다."

"그분이라고 하지 마시고 실명으로 써주세요. 전달력이 빨라지기에. 그리고 고맙습니다. 응원합니다♡"

"경기방송 애청자입니다. 6년째 거의 매일 청취하며 경기방송 애정했는데 노광준 피디님 목소리가 아직도 생생한데 뭐 이리 끔찍한 사태가ㅜㅜ 힘내시라고 얘기하는 것밖에 드릴 얘기가 없네요. 힘내세요. 실은 저도 상당히 힘든데 같이 힘내봐요!"

"어떻게 도울 수 있을까요?"

"힘내시고. 조금만 더 버텨 보시죠. 다른 곳에도 링크 공유해도 되겠죠?"

"응원합니다. 깨알 같은 모래가 성을 이루어 파도를 견딥니다. 님의 가정에 건강함을 빕니다."

"거참 눈물이 나네요. 짐작했던 사실이 현실로 있다는 게. 이게 바로 교육의 힘이겠죠. 부끄럽지 않게 살아야겠네요."

"응원하며 지지합니다. 함께 싸우고자 합니다. 해고일기가 꼭 복직일기가 되길 바랍니다. 우선 이글을 SNS에 퍼 나르겠습니다."

"한 십 년 전 학교급식 취재로 일본 가나가와현 요코하마에서 처음 만나 뵌 지 지금까지, 성실하시고 정열적이시고 친절하신 피디님을 저는 항상 존경하고 있습니다. 노광준 피디님을 이런 일로 추방하는 것은 한 회사의 손실이 아니라 대한민국 언론계 전체의 거대한 손실이라고 확신합니다. 일본 도쿄에서 마음으로부터 응원합니다. 힘내세요!"

"언론개혁!!!"

"같은 업계 종사자로서 참 할 말이 없습니다. 저는 25년 중 대략 10년을 프리 피디로 일하며 버티고 있습니다. 힘내시고. 이럴 때 가족들의 힘이 가장 많이 필요합니다."

"응원하겠습니다. 올리시는 글들 계속 꾸준히 공유하겠습니다."

"힘내세요~^^ 저도 집단해고자로서 지금 재판 중이거든요~ 응원합니다."

"힘내시라는 통상적인 말씀밖에 못 드려 죄송합니다. 하지만 항상 PD님과 동료분을 응원토록 하겠습니다."

"저와 동갑이시네요. 존경합니다. 부당함에 맞선 정의로움에 응원합니다. 힘든 마음 널리 알리겠습니다. 뜻을 같이하는 많은 분이 응원하오니 부디 힘내세요!!"

"도와드릴 방법을 말씀하시면 최대한 돕겠습니다."

"조금 느리더라도 바르게 가시는 분^^ 응원합니다!"

SNS는 응원의 마음뿐 아니라 실질적인 정보도 공유해주었다. 현직 인사팀에 근무한다는 누리꾼은 부당해고 구제절차를 알려줬고, 해고생활에 대해 조언하는 누리꾼도 있었다.

"피디님, 페이스북 친구는 아니지만 공유된 글을 보고 댓글 남깁니다. 저는 현직 인사팀에서 근무하고 있습니다. 징계를 통한 해고의 경우, 노동위원회를 통해 구제 받을 수 있습니다. 문재인 정부로 들어서면서 해고에 대한 노동위원회 판결도 더욱 엄격하게 보기 때문에 부당해고로 판정되는 사례는 과거 대비 더 많이 늘어나고 있습니다. 힘든 싸움이 되겠지만 이 과정을 통해 구제받으시기를 응원 드립니다."

"규칙적인 생활. 건강 챙기기. 장기전입니다. 이길 겁니다. - 해직경력 선배가."

생뚱맞게도 작가로서 자질이 보인다는 칭찬 글도 있었다.

"글이 어찌나 기승전결이 깔끔한지 오십 대인 저도 단번에 이해가 되네요. 괜찮아요. 글로 먹고 살 수 있겠네요. 응원합니다. 저희가 있잖아요. 조선천지에 님을 동지로 생각하는 엄청난 국민이요^^"

"친구여서가 아니라 재밌어서 이 긴 글을 다 읽었다. 글을 참 편안하게 잘 쓰네. 앞으로 꾸준하게 읽을게. 작가를 한다고 하니 이렇게 얘기해 주는 게 좋을 듯해서.^^ 그렇지만 진짜 잘 썼다. 화이팅!"

"작가 노광준님 멀리서나마 응원합니다. 암적인 존재가 결코 살 수 없는 변화된 미래를 위해"

더욱 놀라운 것은 '공유'였다. 1천102회의 공유가 이뤄졌다. 많은 커뮤니티 사이트에 공유돼 많게는 2만뷰 이상 높은 조회수를 기록했고, 어떤 사이트에서는 누리꾼들이 글을 공유한 사람을 해고된 필자로 잘못 알고 응원의 댓글을 보내주는 웃지 못할 일도 있었다.

"퍼옴. 아 퍼왔어요.ㅠㅠ 핸드폰이라 제대로 못 적고 하차하는 바람에 제가 노광준 님이신 줄 아시고 이런 논란을. 죄송합니다"[124]

이런 공유가 언론보도로도 이어졌다. 글을 본 <오마이뉴스> 기자가 기사연재를 제안했다. <오마이뉴스>에 기사연재를 시작하자, 그 기사를 본 김어준의 <뉴스공장> 작가가 방송 출연 섭외전화를 했고, <뉴스공장> 출연 직후 주요 포털사이트에 '경기방송'이 실시간 검색어 1위에 오르며 관련 이슈가 재점화됐다. 나비효과였다. SNS 글은 나비의 날갯짓이었다.[125]

---

124 조미카엘, '막장 경기방송 파면 일기-노광준님 페북 퍼옴' (모두의 커뮤니티 '클리앙' 누리집 중 '모두의 공원' 게시글, 2019.11.11)

125 노광준, '[연재] 오늘 해고되었습니다.' (오마이뉴스, 2019.11.25)

실업급여

11월 14일 오후, 노광준과 윤종화는 실업급여를 신청하기 위해 수원고용복지플러스센터[126]로 갔다.

실업급여는 해고자들에게 큰 힘이다. 제보자들도 실업급여를 받으면서 부당해고 송사에 이겨 복직할 날을 꿈꿨다. 그런데 사람이 너무 많아 한 시간 이상을 기다려야 했다. 그만큼 직장을 잃은 안타까운 사연들이 많았다. 윤종화가 먼저 상담을 받았다. 준비해간 서류 중 회사에서 날아온 해고통보서를 제출했다. 그랬더니 뜻밖의 답변이 나왔다. 실업급여를 받을 수 없다는 이야기였다.

"해고 사유가 실업급여 수급자격 제한 사항에 해당하시네요."

그게 뭔지 보여달라고 요구했더니 금방 찾아서 보여줬다. 정말 그랬다.

거짓 사실을 날조·유포하거나 불법 집단행동을 주도하여 사업에 막대

---

126   수원고용복지플러스센터는 수원시와 화성시 일부지역을 관할하는 고용노동부 산하기관으로 경기도 수원시 팔달구 경수대로 584, 2~4층 (인계동)에 위치하고 있다.

한 지장을 초래하거나 재산상 손해를 끼친 경우

   회사가 말하는 해고 사유(허위제보로 인한 명예훼손 및 업무방해)는 고용보험법과 시행규칙에 명시된 '실업급여 수급자격이 없는 중대 귀책 사유' 중 하나에 해당되고 있었다. 즉, 재취업을 돕는 실업급여마저 받을 수 없게 된 것이다. 혐의가 사실이라면 도울 가치도 없는 나쁜 놈이라는 주홍글씨였다.

재심

해고자들은 재심을 요청했다. 징계 통보를 받은 지 5일 이내에 재심의를 청구할 수 있다는 경기방송 인사관리 규정(73조)에 따라 적법한 절차를 밟았다. 회사도 이를 수용했다. 재심 징계위가 열린 날은 11월 28일 목요일이었다.

오후 2시, 4층 대회의실에 7명의 사측 징계위원들과 3명의 노측징계위원들이 앉아있었다. 지난 징계위원회와 똑같은 사람들이었다.

"우선 이의신청 사유를 짧게 말씀해주세요."

징계위원장은 유독 '짧게'를 강조했다. 노광준은 이렇게 답했다.

"짧게 말씀드리기 위해 발언 내용을 써왔습니다. 저희 집에 프린터가 없다 보니 부득이 이 자리에서 스마트 폰을 보고 읽겠습니다. 양해 부탁드립니다."

노광준은 그날 오전 도서관에서 써온 글을 휴대전화기에 띄웠다. 왜 우리가 재심을 청구할 수밖에 없었는지를 조목조목 적은 '이의신청의 변'이었다. 글을 읽기 전에 먼저 부탁드릴 게 있다고 말했다.

"먼저, 재심 기회를 주셔서 감사드립니다. 그런데 약속을 지켜주셨으면 좋겠습니다. 10월 7일 징계위원회 때 분명히, 그날 오간 질의와 답변을 녹음하시면서 제게도 녹음파일을 주시겠다고 했습니다. 그런데 아직 안 주셨습니다."

그러자 징계위원장은 '주겠다'라고 답했다. 노광준은 '그때 것과 오늘 것 둘 다 내일까지 부탁드린다'라고 말했고 요청이 받아들여지자 준비한 글을 읽어내려갔다.

1. 징계위원회의 '절차적 정당성'에 관한 내용 및 질의 사항

상법 제389조 제1항에 따르면, '대표이사는 회사의 업무집행기관이자 대표기관으로서 내부의 업무를 집행하고 대외적으로 회사를 대표하는 법률행위를 한다'라고 명시되어 있습니다. 사실상 회사의 모든 경영행위는 '대표이사'를 통해 '집행'됨을 알 수 있습니다.

그런데 저희에 대한 대기발령 인사조치 및 징계위원회 회부라는 중대한 경영행위가 집행될 당시 경기방송의 대표이사는 공석이었습니다. 박영재 대표이사께서는 지난 9월 4일 사임계를 제출하였고 신임 대표이사는 그로부터 약 두 달 뒤인 10월 29일 주주총회를 통해 선임 의결된 것으로 알고 있습니다. 그렇다면 그사이에 집행된 경영행위는 누구의 권한으로 집행되었습니까? 대표이사의 권한을 대행한 분은 누구십니까?

왜 이 질문을 드리는가 하면 혹여 대표이사 권한대행 없이 이사회가 저희에 대한 징계를 집행하였다면 그것은 상법의 범위 밖에 있는 일이고, 혹여 H임원이 대표이사 권한대행이었다면 그것은 자신에 대한 논란을 자신의 권한으로 징계를 집행한 매우 불공정한 일이라고 생각하기 때문입니다.

저희에 대한 징계는 누구의 권한으로 집행된 것입니까?

2. 이사회에 보고된 '진상조사'의 실체에 대하여

지난 9.25. 경기방송 이사회 및 주주들(약 70%) 일동 명의로 사내에 게시된 문건에 따르면 경기방송 이사회는 지난 8월 22일 긴급이사회를 열고 난 뒤 회사에 이 사안에 대한 '진상조사'를 요구했으며, 이에 대해 9월 16일 회사로부터 진상조사 중간보고를 받고 9월 25일 이사회에서는 최종적으로 진상조사 결과를 보고받고는 그 자리에서 '저(노광준 팀장)와 윤종화 차장대우에 대해 징계 요구를 의결하고, 대기발령 조치를 하게 됐다'라고 명시되어 있습니다.

질문드립니다. 회사를 대표하여 이사회에 출석해 이 사건에 대한 진상조사를 한 사람은 누구입니까? 왜냐하면, 진상조사 과정에 왜 저희에 대한 직접 조사는 누락되었는지 조사의 객관성과 신빙성에 강한 의심을 가질 수밖에 없기 때문입니다. 상식적으로 진상조사를 한다면 엇갈리는 양측의 진술을 모두 듣고 나서 그래도 맞지 않는 부분은 제3자 진술이나 물증을 찾아 판단하는 것으로 알고 있습니다. 그런데 진상조사를 하시면서 저나 윤종화 기자의 말은 단 한마디도 듣지 않았습니다. 조사를 요청하지도 않았습니다. 이사회에 이 사건에 대한 진상조사를 한 사람은 누구였고 조사결과 및 과정은 무엇이었는지 설명하여 주십시오.

3. 해고 사유의 근거에 관한 의견 및 질문

지난 11월 4일 자로 해고통보를 받은 이후 저는 물론 가족 모두가 극심한 충격과 스트레스에 시달리고 있습니다. 경제적인 걱정 때문에 노동부 산하 고용센터를 찾아가 상담받아본 결과 저와 윤종화는 실업급여 수급도 불가하다고 합니다. 이유는 회사의 해고 사유가 '허위사실 제보로 인한 명예훼손 및 재산상 손실 유발'이라서 이런 해고 사유로는 실업급여 지급대상이 아니라고 합니다. 잘린 것도 억울한데 실업급여까지 못 받느냐고 말했더니 법이 그렇다고 합니다.

한편, 지금도 경기방송 홈페이지에는 노광준, 윤종화 저희의 실명을 언급하며 마치 저희가 허위제보로 경기방송의 경영권을 넘본 불순세력처럼 표기한 두건의 성명서가 높은 조회수를 기록하며 누구나 볼 수 있도록 공연히 게시되어있습니다. 그리고 그 핵심에 '허위사실 제보'라는 논리가 공통으로 자리 잡고 있습니다.

질문드립니다. 허위사실의 근거는 무엇입니까? 저희의 제보 중 어떤 내용이 허위입니까? 어떤 내용이 맥락을 왜곡시킨 겁니까?

징계 의결서에는 저에 대한 해고 사유로 '사실관계도 파악하지 못한 상태에서 자기 소신과 맞지 않는다는 이유로 제보하였다'라고 나오는데 그렇다면 회사가 판단하는 '진실한 사실관계'는 무엇입니까? 저는 어떤 소신이 있는 사람이라고 판단하셨습니까? 그런 판단을 하시기까지 참고한 객관적인 근거는 무엇인지 이 자리에서 제시해주십시오."

준비한 글을 다 읽고 나자 정적이 감돌았다. 누구도 쉽사리 입을 열지 못했다. 징계위원장이 분위기를 전환하려 했다.

"징계위원님들, 질문해주십시오."

그 말에 회사 측 징계위원들이 질문을 시작했다. 노광준은 '먼저 저의 질문에 답변부터 부탁드린다'라고 맞섰다.

징계위원 : 질문할게요. '예', '아니오'로만 답변해주세요.

노광준 : 먼저 제 질문에 답변부터 주십쇼.

징계위원 : 이 자리는 그렇게 질문하는 자리가 아니에요.

노광준 : (노조위원장 쪽 보며) 노조위원장님, 단협안에 징계위원회에 출석한 제가 질문 못 한다는 문구가 있습니까?

노조사무국장 : 없습니다. 궁금한 건 물으셔도 됩니다.

징계위원 : ….

징계위원회는 죄를 따져 묻는 '심문' 장소도 아니었고, 재심까지 요구한 해고자들에게는 과연 자신들에 대한 징계절차가 정당했는지 물어볼 권리가 있었다. 사측징계위원들은 노광준에게 질문했고, 노광준은 답을 하는 한편, 징계위원장에게 계속 질문했다. 그 결과 징계절차와 관련해 두 가지 답변을 들었다.

먼저 '대표이사 공석 상태에서 누가 어떤 권한으로 징계위를 소집했는가'에 대해 L 징계위원장은 이렇게 답했다.

"정관에 따르면 H가 대표이사 권한대행입니다. 그런데 본인이 본인에 대한 사안이라며 고사했습니다. 징계나 대기발령은 박영재 대표이사가 사임하기 전에 결정 내린 사안입니다. 비공개였을 뿐입니다."

물러난다고 했던 H임원이 전무이사로 승진한 뒤 대표이사 권한대행이었다. 이 점은 확실했다. 그러나 물러난 박영재 전 대표이사가 사임 전에 제보자들에 대한 징계를 결정했다는 답변은 사실관계가 의심스럽다. 훗날 박영재 전 사장은 제보자들을 해고하라는 압력을 견디지 못해 대표이사직에서 물러났다는 입장을 밝혔다. 이 말이 사실이라면 회사측 답변은 앞뒤가 맞지 않는다.

노광준 : 이사회에 보고된 진상조사는 누가 어떻게 했습니까?

징계위원장 : 보고는 제가 했습니다.

노광준: 왜 저희에 대한 조사를 안 하셨습니까?

징계위원장 : 솔직히, 배신감 느껴서 그랬습니다.

회사가 했다는 진상조사의 실체도 드러났다. 회사가 제보자들을 고의로 배척하고 진상조사를 벌여 이를 이사회에 보고했음이 밝혀진 것이다.

사측징계위원들은 '허위제보'임을 입증하기 위한 질문에 집중했고 1시간 내내 치열한 진실 공방이 펼쳐졌다.

징계위원 a : 문재인 때려죽이고 싶다는 말을 정말 들었습니까?

노광준 : 예.

징계위원 a : 그런 말씀 하신 적이 없어요.

징계위원 b : 언론 보도에도 '문재인 때려죽이고 싶다'가 아니라 '문재인 무식하면 뭐하다' 이렇게 나오던데요?

노광준 : 아 그건 다른 상황에서 또 말씀하신 겁니다. H께서는 일주일 전 간부회의 자리에서 '문재인이 보면 무식하면 용감하다는 말이 생각난다'라고 말씀하셨고, 일주일 지나 간부들과 점심 식사 자리에서 '문재인이 때려죽이고 싶다'라고 말씀하셨습니다.

사측위원들은 제보가 허위였다는 근거를 제시하지 않고 계속 질문만 던졌다. 특히 제보 동기를 묻는 데 많은 시간을 할애했다.

징계위원 c : 제보할 당시 발언으로 인한 피해가 있었어요? 없었어요?

노광준 : 큰 피해가 예상되었습니다.

징계위원 c : 예상 말고. 피해가 있었는지 없었는지만 말하세요.

노광준 : 피해는 없었지만 일단 터지면 수습 불가 상황이라고 판단했습니다.

징계위원 c : 피해 본 상황이 없는데 왜 제보를 했습니까?

노광준 : 국민의 70%가 불매운동을 지지하는 상황에서 불매를 노골적으로 비하하는 발언은 당시 한국콜마 이상의 피해를 줄 수 있다고 예상했습니다.

징계위원 c : 그건 본인의 생각이고….

노광준 : 7년을 모시면서 겪었습니다. 본인이 옳다고 확신하는 건 실천하는 분입니다.

또 다른 징계위원은 '자유민주주의 국가에서 개인의 소신 발언을 갖고 왜 문제 삼느냐'는 질문을 던졌다. 그는 보도국 데스크급의 간부였다.

징계위원 : 우리나라가 자유민주주의 국가입니까? 아닙니까?

노광준 : …….

징계위원 : 우리나라가 자유민주국가입니까? 아닙니까?

노광준 : 말씀하십시오.

징계위원 : 자유민주주의 국가에서 자신의 소신을 자유롭게 표현할

수 있는 거 아닙니까?

　노광준 : 그러면 제보도 자유롭게 할 수 있는 것 아닌가요?

　징계위원 : 아니 그런 질문이 아니잖아요.

　노광준 : 언론자유와 자유민주주의를 언급하셔서 말씀드리는 겁니다. H에게만 언론자유가 있고 저희에게는 제보할 자유가 없습니까?

　징계위원 : …….

　노광준 : 자유에는 책임이 뒤따른다고 생각합니다. H임원께서는 본인의 발언에 책임지고 약속대로 물러나셔야 합니다.

　징계위원 : 그쪽은 어떻게 책임질건데요?

　노광준 : 회사 정상화를 위해 백의종군하겠다고 말씀드렸습니다.

　징계위원장이 종료를 선언했다. 시계를 보니 정확히 60분이 지나 있었다. 노광준은 인사를 하고 나가면서 허리를 만졌다. 한 시간 내내 허리를 펴고 배에 힘을 꽉 준 채 말해온 탓에 허리가 아팠기 때문이다. 말 한마디 한마디에 정신을 쏟아부었다. 지쳐있었다. 그러나 징계위원들의 얼굴은 더 지쳐 보였다. 잠시 후 윤종화가 들어갔고 다시 전투가 벌어졌다.

김어준의 뉴스공장

12월 2일 월요일 오후, 이날도 광교도서관 열람실에 앉아있던 노광준에게 전화가 왔다. 모르는 번호였다. 망설이다가 열람실 밖으로 나가서 전화를 받아봤다.

"여보세요, 노광준 피디님 핸드폰이죠?"

"예. 맞습니다."

"안녕하세요? tbs <김어준의 뉴스공장>[127]의 OOO 작가입니다."

그녀는 지상파 라디오 청취점유율 부동의 1위인 <뉴스공장>의 구성작가였다. 당시 오마이뉴스에 연재 중이던 '오늘 해고되었습니다' 글을 보고 수소문 끝에 전화를 걸어왔다고 밝혔다.

"피디님이 오마이뉴스에 올리신 기사보고 쪽지 남겼었는데 답이 없

---

127 <김어준의 뉴스공장>은 평일 오전 7시 6분부터 방송하는 TBS 교통방송(FM 95.1㎒)의 아침 시사 프로그램이다. 2016년 9월26일 첫방송을 시작한 뒤 2018년 2월 한국리서치 조사 결과 라디오 청취율 시사 부문 1위, 종합 공동 1위(11.6%)에 올랐고 2020년 5월 한국리서치가 발표한 2020년 2라운드 서울·수도권 라디오 청취율 조사 결과 14.7%의 청취율을 기록, 한국리서치가 매년 6라운드로 조사를 진행하기 시작한 2011년 이후 10년간 역대 최고치를 기록했다. <뉴스공장> 이전의 역대 최고 기록은 MBC 표준 FM '손석희의 시선집중'이 2011년 당시 기록한 최고 청취율 13.0%였다.

어서 수소문 끝에 전화했습니다."

"제가 쪽지나 메신저나 이런걸 잘 못해서요. 죄송합니다."

지금 생각해봐도 대단한 일이었다. 당시 <뉴스공장>은 출연을 원하는 정치인과 유영인들이 워낙 많았고, 제작팀은 인맥이나 연줄을 동원한 출연 부탁이나 압력에 꿈쩍도 하지 않는 콧대 높은(?) 팀으로 유명했기 때문이다. 그런 곳에서 쪽지를 보내고, 답이 없자 물어물어 섭외전화를 했으니, 아무리 생각해봐도 SNS 시대가 아니면 불가능한 상황이었다.

"혹시 언제쯤 시간이 괜찮으세요?"

"아무 때나 다 좋습니다. 시간 많으니까요."

"그럼 내일도 괜찮으세요? 윤 기자님 시간도 맞추셔야 할 텐데."

"예. 그쪽도 비슷할 겁니다. 내일도 괜찮습니다."

윤종화에게 이 소식을 알리니 윤종화는 출연도 하기 전에 벌써 동네방네 소문을 다 냈다. 내일 <뉴스공장> 들어보라고 말이다.

다음날인 12월 3일 화요일 아침, 나와 윤종화는 서울 상암동의 tbs 스튜디오에서 진행된 <김어준의 뉴스공장>에 생방송으로 출연했다. 오전 8시 20분부터 약 20분간 진행된 인터뷰는 tbs 라디오와 유튜브 채널로 방송됐고, 인터뷰 직후 '경기방송'은 다음 포털 실시간 검색어 1위에 올랐다.[128]

---

128 <뉴스공장> 출연 직후인 2019.12.3. 오전 8:51 당시 다음 포털의 실시간 이슈 순위는 1위 경기방송, 2위 황수미, 3위 이루, 4위 이윤지, 5위 박완수 국회의원, 6위 전혜빈, 7위 전미도, 8위 정한울, 9위 발롱도르, 10위 김성이 이었다. 유튜브 채널을 통해 공개된 이날 방송의 전체내용을 담은 영상의 조회수는 43만회(2020.10.1.현재)였고 TBS가 노광준과 윤종화 출연 부분만을 편집해 올린 [日불매운동 비하 발언 간부 고발 '해직'(노광준,윤종화)] 제목의 유튜브 영상 조회수는 10만회(2020.10.1.현재)로 기록되고 있다.

나는 방송 출연에 얽힌 에피소드를 페이스북에 이렇게 올렸다.

"아빠, 오늘 뉴스공장 나간다며. 지금 5시야!"

"엉? 진짜?"

생각해보니 어젯밤에 일찍 자야지 일찍 자야지 하다가 푹 쓰러져 잠든 겁니다. 알람도 맞춰놓지 못한 채. 난리가 날 뻔했죠. 수원에서 상암동까지, 그것도 출근 시간에. 그런 저를 우리 둘째가 밤샘 공부를 하다 깨워준 겁니다. 새벽 5시에요. 세상에, 쪽잠을 자며 공부해가면서 아빠까지 챙겨주는, 그런 아이의 아빠가 바로 저였습니다.

새벽의 감동. 어느새 한강을 건널 무렵 동이 터오르기 시작합니다. 잠깐잠깐 옆을 보니 떠오르는 태양 빛에 비친 한강의 모습이 참 아름다웠습니다.

아침 7시 40분 상암동 tbs 도착. 부지런한 윤종화 기자는 벌써 도착해 있더군요. 둘이 같이 엘리베이터를 타고 라디오 스튜디오에 들어가니 훈훈한 온기가 느껴졌습니다. 우선 어젯밤 질문지를 보내주셨던 그 대단하신 작가님이 따뜻하게 맞아주셔서 그랬고, 잠시 후 피디님이 직접 나와서 힘내라고 맞아주셔서 그랬고, 잠시 후 또 다른 작가님이 나와서 삼각김밥과 초코우유를 챙겨주셔서 훈훈했습니다. 결정적으로 출연료 영수증을 미리 작성하게 되어 더 훈훈했고요.

잠시 후 스튜디오로 들어갔습니다. 들어가기 직전에 제가 잊을까 봐 원고를 챙겨가니까 그걸 본 작가님께서 한마디 귀뜀해주시더군요. 어차피 진행자가 원고대로 안가니까 놔두셔도 된다고.

김어준 : 경기방송 노광준 PD 안녕하십니까?

노광준 : 안녕하십니까?

김어준 : PD였었죠. 참.

노광준 : ㅋㅋㅋ

김어준 : 현직 백수.

노광준 : ㅋㅋㅋ

김어준 : 그리고 기자였던 분입니다. 윤종화 기자님 나오셨습니다.

윤종화 : 예, 안녕하세요.

초면인데다가 해고 당한 사람에게 현직 백수라고 놀리는 진행자는 우주를 통틀어 딱 한 사람밖에 없을 겁니다. 그런데 그게 전혀 기분 나쁘지 않았습니다. 맥을 정확하게 짚으며 우리가 하고픈 말을 짧은 시간에 기가 막히게 정리해나갔으니까요.

노광준 : 그 후 조국 장관 국면으로 분위기가 바뀌면서 대국민 사과문을 발표했던 대표이사가 사퇴를….

김어준 : 잠깐만요. 대표이사가 나갔다고요? 그분이 나간 게 아니라.

노광준 : 예, 그래서 노조에서도 왜 물러나야 할 사람이 안 나가고 사과한 사람이 나가느냐고….

김어준 : 다시 정리하자면, 대표이사가 사과하고 본인도 물러나겠다고 하고, 그래서 일단락됐다고 생각하고 있었는데 오히려 대표이사가 말하자면 잘린 것이고 이사회에서 그분에 대해서는 승진이 있었다?

사실 처음에는 10분가량 인터뷰 시간 동안 얼마나 많은 이야기를 할 수 있을까 반신반의했습니다. 그러나 진행자의 핵심을 찌르는 질문과 정리능력은 어느새 우리로 하여금 더 많은 깊이 있는 이야기를 하게끔 이

끝었습니다.

노광준 : 이사회 명의의 사내게시물 내용을 보면 이런 게 있었습니다. '경기방송 전체 직원을 택할 것이냐, H를 택할 것이냐'라고 한다면 우리는 H를 택할 것이다.'

김어준 : ㅋㅋㅋ 제가 웃어서 죄송한데, 그렇게 진짜로 썼어요? 사진 찍어놓았어요?

노광준, 윤종화 : 예.

김어준 씨는 '상상을 뛰어넘는다'라는 말로 인터뷰를 마무리했습니다. 앞으로도 지속적으로 진행상황을 지켜보겠다는 말도 함께. 우리가 잊고 있는 사이에 이런 일이 벌어지고 있었다는 사실에 스튜디오 안과 밖이 모두 놀란 것 같았습니다. 다음 출연자를 위해 후다닥 밖으로 나오니 많은 분이 손잡아주며 격려해주셨습니다. 한마디 한마디에 진심이 담겨있는 것이 느껴져 더 고마웠습니다.

후우. 숨을 크게 쉬며 잠시 대기실에 앉아있는데 그제야 부러운 것들이 눈에 보였습니다. 출연을 앞둔 사람들이 쉬면서 방송 준비할 대기 공간을 마치 카페처럼 꾸며놓았더라고요. 참 편안해지고 보기도 좋았습니다. '이건 무조건 배워야 해'하며 찰칵, 사진을 찍어 두었습니다. 스튜디오 곳곳에 카메라가 설치되어 라디오 생방송 인터뷰가 실시간으로 유튜브로 생방송 되고 있었습니다. 자막까지 착착 들어갑니다. 이러니 차에서 라디오로 들을 사람은 라디오로 듣고, 집에서 TV나 컴퓨터로 볼 사람은 화면으로 보게 되는, 라디오와 TV의 경계가 더는 필요 없는 콘텐츠로 승부하는 현장이었습니다. 이것도 찰칵. 출연자 섭외에 그치지 않고 그 사람이 방송국 입구에서 스튜디오로 들어와 대기할 때까지 필요한 이모저모를 살

뜰하게 챙겨주는 충분한 인원의 스텝들이 권위의식 전혀 없이 따뜻하게 맞아주었습니다. 이 모습도 찰칵.

그리고 우리 가족 모두가 아빠에게 기대하던 한 장의 사진, 바로 김어준 아저씨와의 찰칵을 굳이 말하지 않아도 챙겨주십니다. 이것도 찰칵이 었습니다.

"지금 실검 1위 떴어요."

출연 직후 포털에 경기방송이 실검 1위에 떴다는 톡이 여기저기서 옵니다. 늦지 않고 큰 실수 없이 마무리했다는 사실 자체에 가슴을 쓸어내립니다. 인사드리고 방송국 문을 나서는데 참, 돌아가고 싶더라고요. 반드시 경기방송에 돌아가서 오늘 배운 것처럼 따뜻하면서도 맥을 착착 짚어내는 그런 방송 만들고 싶었습니다. 꼭.

(노광준의 페이스북 글, 2019.12.3. 13:57)[129]

129   노광준, '오늘 해고 되었습니다 (7) 김어준의 뉴스공장.' (노광준의 페이스북, 2019.12.3), 페이스북 페이지(url) : https://m.facebook.com/story.php?story_fbid=2584553991613143&id=100001757011928

재심결과

다시 불이 붙었다. 유튜브에 올라온 18분 분량의 <뉴스공장> 인터뷰 영상은 조회 수 10만 건을 넘어섰고, 실검 1위 직후 경기방송에 관한 기사들이 쏟아졌다. 경기방송에 도대체 무슨 일이 있었길래, 하는 사람들의 의문을 <뉴스공장> 인터뷰 내용 요약과 관련 댓글 소개로 풀어가는 해설기사들이었다.

"경기방송 실시간 검색어에 이름 올려…. 간부 부조리 폭로 네티즌 일본방송이었나… 창피한 줄 알아라!"[130]

"tbs '김어준 뉴스공장'. 경기방송 임원 내부고발로 해고된 '경기방송' 기자 출연"[131]

"경기방송 간부, 일본 불매운동 비하 발언했는데 승진까지?"[132]

---

130 이주빈, 「경기방송 실시간 검색어에 이름올려…간부부조리 폭로 네티즌 "일본방송이었나…창피한줄 알아라!」 (금강일보, 2019.12.3) 보도시각 09:49

131 김승환, 「tbs '김어준 뉴스공장'…경기방송 임원 내부 고발로 해고된 '경기방송' 기자 출연」 (OBC더원 방송, 2019.12.3) 보도시각 09:28

132 온라인이슈팀, 「경기방송 간부, 일본 불매운동 비하발언했는데 승진까지?」, (민중의 소리,

"일 불매운동 비하 발언 간부, 내부고발했다가 해직 통보받아"[133]
"경기방송, 불매운동 비난한 간부 기사 작성 강요까지(뉴스공장)"[134]

12월 2일 월요일에는 한겨레 신문 지면(21면)에 상당 부분을 할애하여 우리의 인터뷰 기사가 실리기도 했다.

"일본불매 비하 간부 내부고발로 해고된 기자들 끝까지 싸운다"[135]

조국 논란에 덮여 가려졌던 이 사안이 다시 여론의 주목을 받은 것이다. 그러나 경기방송 내부의 목소리는 여전히 없었다.

12월 9일 월요일, 재심 결과가 해고자들에게 통보됐다.
"이 사건 근로자의 재심신청을 기각한다."[136]
이의신청을 받아들이지 않은 채 해고를 확정 짓겠다는 내용이었다. 사측 징계위원 7명 전원이 '해고'를, 노동조합 집행부로 구성된 노측 징계위원 3명은 지난 징계와 마찬가지로 전원 '기권'했다.

2019.12.3) 보도시각 10:54
133 전덕환, '日 불매운동 비하 발언 간부' 내부고발 했다가 해직 통보 받아 (TBS뉴스, 2019.12.3) 보도시각 14:28
134 강보라, '경기방송, 日 불매운동 비난한 간부? 기사작성 강요까지(뉴스공장)' (싱글리스트, 2019.12.3) 보도시각 09:30
135 신지민, '일본불매 비하 간부' 내부고발로 해고된 기자들 "끝까지 싸운다" (한겨레, 2019.12.1) 온라인판. 신지민, '일본불매 비하 간부' 내부고발로 해고…'상식'이 이기고 싶다 (한겨레, 2019.12.2), 021면 문화
136 재심결과통보서류는 2019년 12월9일자로 '징계위원회 재심의결과 통보서'라는 제목의 A4 2쪽 분량 서류와 2019년 11월29일자로 작성된 '재심징계의결서'라는 제목의 1쪽짜리 서류로 구성되었으며 '징계위원회 재심의결과 통보서'에는 의결주문('이 사건 근로자의 재심신청을 기각한다)와 이유가 명시되었고 L 징계위원회 위원장 명의의 사인이 있었고, '재심징계의결서'에는 의결결과로 '해고(원징계처분유지)'를 징계이유로 '해사행위 등'을 명시하였고 경기방송 징계위원 10명의 사인이 있었다.

특이한 점은 재심 징계위에서 내가 질의했던 절차적 문제점에 대한 회사의 공식답변이었다. '논란의 본인(H임원)이 대표이사 권한대행을 맡은 것은 불공정행위 아닌가?'라는 내 질의에 대해 경기방송은 서면을 통해 다음과 같이 답변했다.

"법적 절차에 의한 것으로 불공정행위 전혀 아님. 사내이사 수가 적어 맡을 이사가 없는 관계로 인해 새로운 대표이사 선임 때까지 임시로 (H임원이) 어쩔 수 없이 맡았던 것임. 논란의 본인이라고 표현한 것은 불쾌한 사항임. 논란을 일으킨 당사자는 노광준과 윤종화이지 H가 아님."[137]

'불쾌한 사항', 당시 상황을 보는 경기방송의 속내 아니었을까.

137 징계위원회 위원장 L, '징계위원회 재심의결과 통보서' (경기방송, 2019.12.9)

조건부

재허가

늘 같은 의혹

12월 11일 수요일 오전 9시 30분, 정부과천청사 내에 있는 방송통신위원회 4층 회의실에서 제62차 방송통신위원회 회의가 시작되었다. 한상혁 위원장을 의장으로 한 5명의 상임위원이 전부 참석한 가운데 관련 부서 실무자들이 배석했고, 많은 방통위 출입 기자들이 노트북을 열고 취재를 준비했다. 이날의 안건은 KBS, 경기방송 등 지상파 방송사 140여 개에 대한 재허가 여부였기에 취재 열기는 어느 때보다 뜨거웠다.

9시 31분, 한상혁 방통위원장이 의사봉을 잡았다.

"2019년도 제62차 방송통신위원회 회의를 개의하겠습니다."[138]

의사봉을 세 번 두드린 방통위원장은 국민의례와 회의 공개 여부 결정 등의 형식절차를 진행한 뒤 이날의 중심안건으로 들어갔다.

"먼저, <의결안건 가> '2019년도 지상파방송사업자 재허가에 관한 건'에 대하여 지상파 방송 정책과장님 보고해 주십시오."[139]

138 「제62차 방송통신위원회 회의 속기록」(방송통신위원회, 2019.12.11.), 1쪽.
139 「제62차 방송통신위원회 회의 속기록」(방송통신위원회, 2019.12.11.), 2쪽.

그러자 장대호 지상파 방송 정책과장이 재허가 심사결과를 빠르게 읽어내려갔다. 먼저 KBS 등 33개 사업자 141개 방송국에 대해서는 4년을 기한으로 조건 및 권고사항을 부가하여 '재허가'를 허용함. 그러나 경기방송은 조금 달랐다.

"재허가심사위원회의 심사결과 650점 미만으로 평가된 ㈜경기방송에 대해서는 경영 투명성 제고, 편성의 독립성 강화 등을 위한 계획 확인한 후 재허가 여부를 의결한다."[140]

기자들의 타이핑 속도가 빨라졌다. 재허가 보류. 방송국이 문 닫을 수도 있다는 말이다. 이제 방통위원들의 결정만 남았다.

"보고받은 내용에 대해서 의견 있으시면 말씀해주십시오. 표철수 위원님 말씀하십시오."[141]

한상혁 위원장이 재허가 심사위원장을 맡아온 표철수 위원에게 발언권을 줬다. 심사결과에 대한 부연설명을 좀 더 자세히 듣고 싶은 의도로 보인다. 표철수 위원이 입을 열었다. 그는 국민의당 추천으로 방통위원으로 선임된 인사였다.

"㈜경기방송에 대해서는 심사위원회에서 경영의 투명성, 그리고 주주 구성에 있어서 특수관계인을 확인하는 사항, 이것이 충분히 검증되지 않았습니다. 검증하기 굉장히 어려웠습니다. 그래서 해당 사업자에게 보완자료를 요청했고 그것이 위원회에 제출되고 나서 추후 판단해야 하므로 이렇게 안건이 올라왔습니다."[142]

---

140 「제62차 방송통신위원회 회의 속기록」(방송통신위원회, 2019.12.11.), 2쪽.
141 「제62차 방송통신위원회 회의 속기록」(방송통신위원회, 2019.12.11.), 4쪽.
142 제62차 방송통신위원회 회의 속기록」(방송통신위원회, 2019.12.11.), 4쪽.

경기방송이 제출한 자료만으로는 경영 투명성에 관한 의혹을 검증하기 어려워서 추가자료제출을 요구했다는 설명이다.

구체적으로 어떤 의혹들이 제기되어 왔을까? 가장 큰 의혹은 실소유주 논란이었다. 과연 경기방송을 실질적으로 지배하는 자는 누구인가? 정권이 바뀌어도 경기방송에 대한 재허가 심사 때 흘러나오는 의혹은 늘 똑같았다.

경기 방송은 누구 것인가

박근혜 정부 시절인 2013년 12월, 방송통신위원회는 경기방송에 대해 3년 기한 조건부 재허가를 내주면서 가장 주요하게 이행해야 할 개선조건으로 두 가지를 명시했었다. 하나는 보도 공정성을 위해 당시 H임원이 보도국장까지 겸직하는 문제를 풀어내라는 '겸직 해소' 건이었고, 또 하나는 최대주주가 방송법을 반드시 지키겠다는 각서를 써내라는 '이행각서' 건이었다.[143]

방송법을 지키겠다는 각서를 써내라는 조건은 최대 주주 입장에서 상당히 굴욕스러운 일이다. 그러나 경기방송 최대주주는 각서를 써냈다. 당시 상황은, 이전 최대주주가 방송법 위반으로 고발되어 유죄판결을 받은 데다 새로 최대주주가 된 법인 역시 명의신탁 의혹 등 '실

---

143 2013년 재허가 당시 방송통신위원회가 경기방송에 부여한 재허가 조건내용은 3년 뒤인 2016년 경기방송이 방통위에 재허가 심사를 받기 위해 제출한 서류에 명시되어 있다. 총 251쪽으로 제출된 서류의 작성주체는 (주)경기방송으로 서류명은 '재허가신청서① 지상파방송사업자 재허가 신청서 최종본'이며 발간일은 2016년 12월27일. 책에 기술된 해당내용은 자료의 197쪽에 '2013년 재허가지 조건 및 권고사항 이행실적('14~'16)'이라는 소제목으로 기술되어 있다.

소유주 의혹 논란'에 휩싸여 있었기 때문이다.[144]

당시 검찰은 증거불충분 불기소 처분을 내리며 수사를 종료했고 방통위 역시 조건부 재허가 결정을 내리기는 했지만, 경기방송의 실소유주 의혹은 3년 뒤 재허가 심사 때에도 다시 등장했다.

역시 박근혜 정부 시절이던 2016년 방통위 전체회의에서 방통위원인 고삼석 위원은 이 부분(의혹)에 대해서는 분명히 근거로 남겨 놓겠다'라며 경기방송의 실소유주 의혹에 대해 발언했다.

"서류상으로는 호OO설이 21.16%를 가지고 있어서 최다주주이지만 심OO 씨와 그 특수관계자들 그리고 국내 대리인 격의 자녀들이 가지고 있는 지분으로 하면 실질적으로 심OO이 최다주주입니다. 그리고 경영권을 행사하는데도 전혀 지장이 없는 그 정도의 지분입니다."[145]

고삼석 위원은 당시 경기방송의 최다주주 변경신청 허가 건을 심사하며 지분구조를 속속들이 들여다본 '최다주주 변경 심사위원장' 출신으로, 당시 경기방송을 사실상 지배하는 실소유주는 1대 주주 호O건설이 아니라 2대 주주인 재일교포 심OO 이라는 의혹을 제기했다. 다만 방통위가 수사 권한이 없어 입증하지 못했기에 재허가는 내주지만 훗날을 위해 기록으로 남겨둔다는 발언을 이어갔다.[146]

당시 재허가 심사를 실무적으로 담당했던 지상파 방송정책과장도 비슷한 맥락의 발언을 했다.[147]

---

144 이상도, '경기방송 2대주주 심OO 명의신탁 혐의로 고발당해' (cpbc가톨릭평화방송, 2012.1.5)
145 「제70차 방송통신위원회 회의 속기록」(방송통신위원회, 2016.12.14.), 11쪽.
146 "우리 위원회가 수사권이 없어서 차명으로 주식을 보유하는 것들에 대해서 수사할 수 있는 권한이 없으므로 살펴보는 데에는 한계가 있겠습니다만 지금 호O건설이 최다주주로 되어있는 이 부분들은 제가 봤을 때는 상당히 차명의 의혹이 강하게 듭니다. (중략) 이 부분에 대해서는 분명하게 제가 근거로서 남겨놓습니다." 「제70차 방송통신위원회 회의 속기록」(방송통신위원회, 2016.12.14.), 11쪽.
147 "현재로서는 충분히 의심이 들지만, (중략) 경기방송에 대해서는 이사회도 사실 문제가 많았습니다." 「제70차 방송통신위원회 회의 속기록」(방송통신위원회, 2016.12.14.), 11쪽.

모두 새삼스럽게 제기된 의혹이 아니다. 2016년 당시 방통위 회의 속기록에 나온 기록들이다. 실소유 논란에 휩싸인 최대주주들, 그리고 그들이 주축이 되어 운영되어온 이사회.

다시 3년이 지난 2019년 12월, 문재인 정부 시설에 처음 시행된 방통위 재허가 심사에서 경기방송의 이러한 의혹은 H임원의 경영권 전횡의혹까지 덧붙여져 눈덩이처럼 불어난 것이다.

"경기방송의 경우 방송의 공적 책임에 대한 경영진의 의지가 매우 낮고, 주요 주주 구성 및 이사회 운영 상황을 종합적으로 고려해 볼 때 방송법상 소유구조 위반의 가능성이 커 보입니다."[148]

민주당 추천의 허욱 방통위원은 '청문회' 수준의 강력한 검증이 필요하다는 의견을 밝혔다.

"행정절차법에 따른 청문회 수준의 강력한 의견절차를 거쳐 각 사업자의 개선 의지를 명확히 확인한 뒤에 재허가 여부를 결정할 필요가 있다고 봅니다."[149]

그러자 자유한국당 추천의 김석진 부위원장이 신중론을 들고 나왔다. 임원 한 사람의 문제로 방송국 문 닫게 하면 청취자나 직원들 피해가 너무 크지 않으냐는 문제 제기였다.

"방송을 잘하고 있는 방송사가 어떤 임원의 불찰이나 재무구조의 부실로 방송 허가를 받지 못하는 사태가 와서 안 된다는 생각입니다. 모두 열심히 언론인으로서의 자부심을 느끼고 취재기자나 방송에 임하는 직원들이 열심히 뛰고 있는데 그런 임원 이사회의 전횡 때문에 갑자기 직장을 잃게 되는 일이 있어서는 안 됩니다. 그것은 불행한 일

148 「제62차 방송통신위원회 회의 속기록」(방송통신위원회, 2019.12.11.), 6쪽.
149 「제62차 방송통신위원회 회의 속기록」(방송통신위원회, 2019.12.11.), 6쪽.

입니다."[150]

그렇지만 그역시 다른 위원들과 마찬가지로 경영 투명성 의혹 부분은 정확히 짚고 가야 한다고 말했다.

"이사회나 임원의 그런 독단적인 방송사업자로서는 허용할 수 없는 그런 일탈이 있었다는 것은 분명히 밝혀내야 합니다. 그런 것을 다 따져서 개선사항을 시정명령해야 한다고 보고 있습니다."[151]

방통위 실무자들의 의견을 총괄하는 방송정책국장이 입을 열었다.

"경기방송은 두 분 위원님 말씀하신 대로 재허가 과정에서 보니까 어쨌든 주요 주주가 결국 실제 경영을 다 지배하고 있고, 심지어 이사회에서 직원 징계를 결정하는 형태까지, 소유·경영 분리나 전체적인 민방 재허가 심사에서 주로 보는 경영 투명성, 편성의 독립성 이런 부분들이 전반적으로 좀 더 투명하게 밝혀져야 하고, 좀 더 확인되어야 할 사항이라고 생각하고 있습니다."[152]

대통령 추천인사인 김창룡 위원이 입을 열었다. 강경일변도로 가도 안 되지만 '방통위 규제는 솜방망이'라는 도덕적 해이가 있어서도 안 된다는 지적이었다.

"저는 내용도 중요하지만, 방송의 공적 책임 차원에서 소유구조 부분에 있어서 내용만 볼 수 없고, 소유주의 공적 마인드, 준법 의지도 분명히 확인해서 종합적으로 봐야 한다고 생각합니다.

규제기관으로서 강경일변도로 규제만 하려고 한다면 문제가 있겠지만, 그러나 최소한의 기본조건을 제시했음에도 불구하고 그런 것을 지키지 않았을 때 이런 도덕적 해이는 타 방송사에도 영향을 미치기

150 「제62차 방송통신위원회 회의 속기록」(방송통신위원회, 2019.12.11.), 6~7쪽.
151 「제62차 방송통신위원회 회의 속기록」(방송통신위원회, 2019.12.11.), 7쪽.
152 「제62차 방송통신위원회 회의 속기록」(방송통신위원회, 2019.12.11.), 7쪽.

때문에 규제기관이 이런 부분에 대해 보다 엄격한 잣대를 들이대야 한다고 보고 있습니다."[153]

재허가 심사위원장을 맡았던 표철수 위원은 기자들도 깜짝 놀랄만한 재허가 심사 뒷이야기를 꺼냈다.

"거의 절대적인 권한을 가지고 행사하고 있는 전무의 위치에 있는 사람이 있습니다. 그분 출석 요구를 했는데 처음에는 해외 출장을 가서 못 나온다고 하길래, 해외 출장을 간 증명을 보내라고 했습니다. 그랬더니 사실은 해외 출장을 간 것이 아니고 사내 여러 가지 문제로 정신적으로 충격으로 받아서 못 나온다는 답변이 있었습니다."[154]

그 말에 방통위원들의 얼굴이 굳어졌다. 기자석이 술렁거렸다. 김창룡 위원은 회의 직후 언론 인터뷰에서 경기방송이 '방통위를 기만했다'라고 비판했다. 계속해서 표철수 위원은 말을 이어갔다.[155]

"경기방송의 경우 내부 규정이 어떻게 되어있냐면 '일반 직원은 부장까지만 할 수 있다, 직원들은 그 위의 직급으로는 올라가지 못한다'라고 되어있습니다. 그래서 그야말로 지분을 가진 쪽에서 여러 가지로 전횡을 하고 있다고 말씀드릴 수 있습니다. 그래서 경기방송 문제도 저희가 보완자료를 확실하게 받고 이것을 철저히 해야겠다고 생각합니다. 기존의 자료제출은 그냥 '확인서' 이렇게 해서 해당 주주의 도장 찍어서 사업계획서에 항상 들어옵니다. 그런데 '이번에는 그것으로는 안 되겠다, 공증확인서를 제출하라', 그런데 그 자료들이 아직 충분히 오지 않았습니다. 그래서 이런 것 오는 것을 봐서 위원회 판단

---

153 「제62차 방송통신위원회 회의 속기록」(방송통신위원회, 2019.12.11.), 8쪽.
154 「제62차 방송통신위원회 회의 속기록」(방송통신위원회, 2019.12.11.), 8쪽.
155 정철운, '방통위까지 기만한 경기방송, 재허가 보류' (미디어오늘, 2019.12.11)

을 받고자 하는 것입니다."[156]

침묵만 지키고 있던 방통위원장이 입을 열었다.

"재허가 거부 시 경과규정이 있을 것 아닙니까? 김석진 부위원장님께서 정파 우려를 말씀하셨으니까 그 부분에 대해서 방송법 및 시행령 규정에 대해 간단히 설명해 주시지요."[157]

만일 방송국 문을 닫으면 직원, 청취자 보호 수단은 뭐가 있느냐는 섬뜩한 질문이었다. 지상파방송정책과장이 새 사업자가 정해질 때까지 최대 1년간 방송유지를 하도록 명할 수 있다고 답했다.

잠시 후 방통위원장이 의사봉을 들고 폐회선언을 했다. 이상으로 회의를 마치겠다고. 오전 10시 23분이었다.

많은 언론이 일제히 이날의 결정을 타전했다.

"방송통신위원회가 지상파 3사 등 33개 방송사업자에 대해 재허가를 결정했습니다. 반면 경기방송, OBS경인TV, TBC에 대해서는 재허가 의결을 보류했습니다."[158]

방통위까지 기만한 경기방송, 재허가 보류"[159]

공공성 강화해라" 방통위, '친일 막말' 경기방송 재허가 보류[160]

156 「제62차 방송통신위원회 회의 속기록」(방송통신위원회, 2019.12.11.), 8쪽.
157 「제62차 방송통신위원회 회의 속기록」(방송통신위원회, 2019.12.11.), 9쪽.
158 엄민재, '방통위, 33개 방송사 재허가 의결…OBS·경기방송·TBC 보류' (SBS뉴스 누리집, 2019.12.11)
159 정철운, '방통위까지 기만한 경기방송, 재허가 보류' (미디어오늘, 2019.12.11)
160 윤철원, '공공성 강화해라" 방통위, '친일 막말' 경기방송 재허가 보류 (CBS노컷뉴스, 2019.12.11)

모럴해저드

미디어오늘의 이재진 기자는 방통위 속기록을 찬찬히 보다, 한 대목에서 눈이 멈췄다.

"그분 출석 요구를 했는데 처음에는 "해외 출장을 가서 못 나온다" 그래서 "해외 출장을 간 증명을 보내라"라고 했더니 "사실은 해외 출장을 간 것이 아니고 사내 여러 가지 문제로 정신적으로 충격을 받아서 못 나온다"는 답변이 있었습니다."[161]

혹시 모럴해저드? 그는 정확한 내막을 알고 싶었다. 경기방송 내부에서는 이번 재허가 보류에 대해 어떤 입장인지, 어떤 준비를 하고 있는지를 알기 위한 취재계획을 짜고 이리저리 전화를 돌렸다. 관련 사실을 알만한 경기방송 내외부 인사들에게 사실관계를 확인했다. 정수열 당시 대표이사도 취재 선상에 있었다. 그리고 12월 17일, 기사를 올렸다. 충격적인 내용이 담겨있었다.

---

161 「제62차 방송통신위원회 회의 속기록」(방송통신위원회, 2019.12.11.), 8쪽.

"재허가 코앞 해외로 나간 경기방송 경영진"[162]

재허가 보류로 방송국이 자칫하면 문을 닫을 수도 있는 절체절명의 상황에 논란의 당사자인 H를 포함한 경기방송 경영진은 4박 5일간의 일정으로 베트남 등 해외 출장을 떠난 것이다. 출국일은 방통위가 요구해온 보완자료 제출 마감일(12월 18일) 하루 전이었고, 귀국예정일은 방통위가 예고한 청문회 수준의 의견 청취 출석(12월 23일) 이틀 전이었다.

"H임원과 L임원 등은 한국어학당 사업 관련으로 베트남 출장을 갔다는 것이다."[163]

경기방송 구성원들은 전파사용권까지 회수당할 최악의 위기인데 경영진이 비상식적 행동을 한다고 비판했다. 재허가 보류 결정에 대해 경기방송 경영진 내부에서는 '별것 아니다'라는 말을 했다는 증언까지 나왔다.

"경기방송 일부 경영진이 방통위 재허가 보류 결정에 입장을 묻는 질문에 수차례 재허가 보류 결정을 받은 OBS를 언급하면서 '별것 아니다'라는 인식을 드러냈다는 구성원의 증언도 나왔다. H임원 문제가 불거지고 해고 언론인까지 나오면서 여론이 악화되고, 재허가 심사까지 앞두고 있는데 경영진의 위기의식을 찾아볼 수 없다는 것이다."[164]

162 이재진, '재허가 코앞 해외로 나간 경기방송 경영진' (미디어오늘, 2019.12.17)
163 이재진, '재허가 코앞 해외로 나간 경기방송 경영진' (미디어오늘, 2019.12.17)
164 이재진, '재허가 코앞 해외로 나간 경기방송 경영진' (미디어오늘, 2019.12.17)

한편 경기방송 사안을 주시해오던 경기지역 시민사회단체들은 12월 16일 '경기지역 방송사 재허가 보류에 대한 입장문'을 내고 경기방송의 정상화를 위해 H임원의 사퇴 등 합리적인 혁신방안을 시행하라고 강력히 요구했다.

"막말 논란에 이어 방통위를 기만했다는 비판을 받은 임원을 선택해 재허가 거부로 방송국의 문을 닫을 것인지, 합리적 혁신방안으로 경기방송 정상화를 선택할 것인지 결정하라"[165]

이러한 상황에서 경기방송이 과연 방통위에 어떤 혁신안을 제출할지 관심이 쏠렸다. 그러나 정수열 당시 경기방송 대표이사는 입을 굳게 닫았다.

"미디어오늘은 정수열 경기방송 대표이사에게 경영진 해외 출장과 재허가 준비사항을 물으려고 수차례 전화했지만, 회사를 통해 드릴 말씀이 없다고 들었다."[166]

12월 23일 오후, 경기방송의 경영진이 출석한 가운데 방통위의 의견 청취 절차가 이뤄졌다. 경영 투명성에 대한 방통위원들의 여러 질문이 이어지면서 청문 시간도 길어졌다는 기자들의 후문이 나왔다. 어떤 내용이 오갔을까? 방통위 속기록에 공개된 경기방송 측 답변의 핵심은 이랬다.

'경기방송을 실질적으로 경영한 사람은 H였음, 2012년부터 계속'[167]

---

165 홍용덕, 방통위 '경기방송' 재허가 보류에…시민단체들 "혁신방안 내라" (한겨레 누리집, 2019.12.16)

166 이재진, '재허가 코앞 해외로 나간 경기방송 경영진' (미디어오늘, 2019.12.17)

167 제67차 방송통신위원회 회의 속기록,(방송통신위원회, 2019.12.30.), 11쪽. 속기록 10~11쪽에는 장대호 방송통신위원회 지상파방송정책과장이 이 회의에서 보고한 (주)경기방송에 대한 청문결과 내용이 나오는데 해당부분의 전문은 다음과 같다.

누가 언론을 지배하는가

방통위 회의 속기록[168]에는 경기방송 경영진에 대한 의견 청취 내용이 기록되어 있다. 경기방송 측의 답변과 이에 대한 방통위 검토의견을 종합해 볼 때 실제로 청문회 수준의 의견 청취가 진행되었음을 알수 있었고, 그 핵심쟁점은 다섯 가지로 요약된다.

1. 경기방송의 경영을 실질적으로 지배한 사람은 누구인가?

2. 왜 대표이사 임기를 1년으로 제한했는가?

3. 감사 기능은 제대로 작동되었는가?

4. 직원 징계를 이사회에서 요청할 수 있는가? (이사회 운영 관련)

5. 편성 보도의 독립성 강화 계획은?[169]

"경기방송의 의견진술내용입니다. 최다액출자자, 2대주주는 전무이사에게 경영을 일임하였고, 전무이사가 2012년부터 경영을 맡으며 과거 임원의 부당한 지출 등 문제가 되었던 사항들을 해소하였음. 법적으로 문제가 있으면 개선하겠음. 본인은 주식이 있어서 특수관계자 문제로 대표이사를 못 맡고 있음. 전무이사는 지인이었던 前 대표이사를 사내이사로 추천하였으나, 대표이사가 언론사 경험이 없어 내부관리는 전무이사가 하고, 대외업무는 대표이사가 하는 것으로 업무분장 하였음." (속기록 11쪽)

168 2019년 12월 23일 제67차.

169 「제67차 방송통신위원회 회의 속기록」(방송통신위원회, 2019.12.30.), 10~13쪽.

166

이에 대해 경기방송 측은 'H임원 본인'이 2012년부터 경영을 일임해왔다고 답하는 등 일반인 시각에서 볼 때 놀라운 답변을 했다. 방통위는 경기방송이 허위자료를 제출한 사실을 명시하기도 했다. 방통위속기록을 재구성하여 핵심쟁점에 대한 경기방송 측의 답변과 이에 대한 방통위 검토의견을 차례대로 정리했다.

1. 경영을 실질적으로 지배한 사람은?

경기방송 : 최고액 출자자(호O건설)와 2대 주주(재일교포 심OO)는 H임원에게 경영을 일임하였고, 2012년부터 H임원이 경영을 맡으며 과거 임원의 부당한 지출 등 문제가 되었던 사항들을 해소하였음. 법적으로 문제가 있으면 개선하겠음.[170]

방통위 검토의견 : 대주주 등 주주 과반 이상의 권한을 포괄적으로 위임받은 H는 방송법 제15조의2(최고액출자자 등 변경승인) '경영권을 실질적으로 지배하고자 하는 자'로 볼 수 있으나, 방통위의 변경승인 신청과 승인 절차를 거치지 않아 방송법 위반상태가 지속 중인 것으로 판단됨.[171]

2. 왜 대표이사 임기를 1년으로 제한했나?

경기방송 : H임원 본인은 주식이 있어서 특수관계자 문제로 대표이사를 못 맡고 있음. H는 지인이었던 前 대표이사(박영재)를 사내이사로 추천하였으나, 대표이사가 언론사 경험이 없어 내부관리는 H가 하고, 대외업무는 대표이사가 하는 것으로 업무를 분장하였음. 前 대표

---

170 「제67차 방송통신위원회 회의 속기록」(방송통신위원회, 2019.12.30.), 11쪽.
171 「제67차 방송통신위원회 회의 속기록」(방송통신위원회, 2019.12.30.), 12쪽.

사임 시 이사회의 압력은 없었으며, 대표이사를 1년마다 재신임하는 것은 과거 횡령 등 사고의 경험 때문임.[172]

방통위 : 대표이사의 경영권 제한임. 독립성 제고를 위해 전문경영인 체제를 운영한다고 하였으나, 이사회에서 대표이사의 권한을 제한하거나 대표이사를 이사회에서 1년마다 재신임하는 방식으로 책임경영이 어려운 상황임.[173]

3. 감사 기능은 제대로 작동되나?

경기방송 : 감사위원회는 1년에 2회 정도 개최되며, 2대 주주인 감사위원(재일교포 심OO)은 감사위원회에 항상 참석하였음. 현재 2대 주주는 감사위원을 사임하였음.[174]

방통위 : 대주주(심OO)가 경영 및 이사회의 직무를 감시해야 할 감사위원회의 감사위원장을 맡는 등 감사위원 본연의 직무를 수행하기 어려운 구조로 운영하였음. 前 감사위원장(심OO)은 2대 주주이자 사내이사이며, 일본에 주로 거주함. 2010년 소유제한 위반으로 방통위 제재를 받은 경력도 있음.[175]

4. 직원 징계를 이사회에서 요청할 수 있나?

경기방송 : 직원 징계를 이사회에서 요청해도 되는지 노무사, 변호사에게 자문을 구하고 문제가 없다고 하여 진행하였음. 노조에서도 징계에 반대하지 않았으며, 직원 징계 관련 조사는 보도내용의 사실

172 「제67차 방송통신위원회 회의 속기록」(방송통신위원회, 2019.12.30.), 11쪽.
173 「제67차 방송통신위원회 회의 속기록」(방송통신위원회, 2019.12.30.), 12쪽.
174 「제67차 방송통신위원회 회의 속기록」(방송통신위원회, 2019.12.30.), 11쪽.
175 「제67차 방송통신위원회 회의 속기록」(방송통신위원회, 2019.12.30.), 12쪽.

여부를 판단하기 위한 것이기 때문에 당사자들(제보자들)을 조사하지 는 않았음.[176]

방통위 : 부적절한 이사회 운영임. 2대 주주가 상법과 정관에 근거 가 없음에도 불구하고 이사회 출석 및 의결을 H임원에게 포괄적으로 대리토록 하였으며, 당사자가 본인의 거취에 관계된 안건을 다루는 이사회 회의의 의장을 맡고, 이사회에서 사실상 직원 징계를 결정하 는 등 이사회를 부적절하게 운영하였음. 허위자료 제출도 확인됨. 경 기방송이 제출한 이사회와 주주총회 회의록에는 2대 주주가 회의에 출석한 것으로 되어있으나, 출입국 기록을 확인한 결과 회의 당시 일 본에 체류하고 있었던 경우가 다수 확인되었음.[177]

5. 편성 보도의 독립성 강화 계획은?

경기방송 : 편성과 보도의 독립성 강화를 위해 편성심의위원회를 운 영할 예정임. 보도제작국장을 편성책임자로 지정할 예정이며, H는 관 련 비용 지출 이외에 보도에 대해 관여하지 않았음.[178]

방통위 : 주요 주주 H가 보도 및 편성에 영향력을 행사할 수 있는 직위에 있는 반면에 편성책임자를 팀장급으로 선임하는 등 방송법 제 4조의 취지를 간과하고 있으며, 편성의 독립성이 사실상 지켜지지 않 고 있음.[179]

장대호 방통위 지상파방송정책과장은 추가로 경기방송의 협찬수익

176 「제67차 방송통신위원회 회의 속기록」(방송통신위원회, 2019.12.30.), 11쪽.
177 「제67차 방송통신위원회 회의 속기록」(방송통신위원회, 2019.12.30.), 12쪽.
178 「제67차 방송통신위원회 회의 속기록」(방송통신위원회, 2019.12.30.), 11쪽.
179 「제67차 방송통신위원회 회의 속기록」(방송통신위원회, 2019.12.30.), 12쪽.

과다의 문제가 지속되어 왔음을 지적하기도 했다.

12월 23일의 청문 절차(의견 청취)가 끝나고 난 뒤 방통위 청문 주재자들은 '언제까지 경기도 기간방송이라는 이름으로 방통위가 연명해주어야 할지 깊이 있게 논의할 필요가 있다'는 의견을 제출하였다.

"방송법상 '경영을 실질적으로 지배하는 자'는 관련 규정에 따라 변경승인 신청을 해야 하나, 경영을 실질적으로 지배하는 자로서 변경승인 신청 혹은 등재가 되어있지 아니합니다. 국민의 자산인 전파를 운용하면서, 그에 상응하는 방송의 공적 책임, 경영의 투명성을 확보하지 못한 채, 주주와 이사진의 이권에나 이바지하는 듯한 경기방송에 대해, 언제까지 '경기도의 얼굴, 기간방송'이라는 이름으로 방통위가 연명해주어야 할지를 깊이 있게 논의할 필요가 있습니다."[180]

위 청문 결과를 검토한 방송통신위원회 사무국 실무진에서는 5명의 방통위원이 모이는 전체회의에 아래와 같은 검토의견을 제출하였다. 경기방송 재허가에 대해 엄중한 결정이 필요하다는 내용이었다.

"종합적으로 고려할 때 이번 경기방송 재허가에 대해서는 엄중한 결정이 필요하다고 판단하였습니다. 재허가 요건 미충족입니다. ㈜경기방송은 2019년 재허가 심사결과 재허가 기준점수인 650점 미만으로 평가되었고, 중점심사사항 평가점수도 배점의 50%에 미달하여 재허가 거부 요건에 해당합니다.

개선계획 매우 미흡입니다. 경기방송이 제출한 계획을 검토한 결과, 현 상황과 관련된 문제점에 대한 인식이 부족하고, 방송사 경영의 현상 유지를 목표로 하는 것으로, 실질적인 개선방안이 포함되지 않았

---

180 「제67차 방송통신위원회 회의 속기록」(방송통신위원회, 2019.12.30.), 11쪽.

고 개선 의지도 부족한 것으로 판단됩니다. 또한, 2010년 소유규제 위반 건 이후, 2013년, 2016년 재허가 심사 시 경영 투명성 문제가 지속해서 제기되어 관련 조건을 지속해서 부가하였으나 개선되지 않고 있습니다."[181]

이제 최종결정은 5명의 방통위원에게 달려있었다.

12월 30일, 경기방송에 대한 재허가 기간이 딱 하루 남아 있는 2019년의 끝자락에 방통위 전체회의가 열렸다.

---

181 「제67차 방송통신위원회 회의 속기록」(방송통신위원회, 2019.12.30.), 11~12쪽.

사유화된 방송에 미래는 없다

12월 30일 오후 2시 30분, 2019년의 마지막 방통위 전체회의가 시작됐다. 제67차 방송통신위원회 회의, 한상혁 위원장이 성원 점검을 했다. 5명의 상임위원 중 김석준 부위원장은 국회 일정으로 불참, 4명이 참석했다. 김 부위원장은 사전에 한상혁 위원장에게 경기방송 재허가에 대한 자신의 입장을 밝혀뒀다. 위원장이 의사봉을 세 번 두드려 개회를 선언했다. 장대호 지상파정책과장이 경기방송에 대한 재허가 의결사항에 대한 보고를 시작했다.

경영권을 실질적으로 지배하는 자

"의결주문입니다.

<1안> ㈜ 경기방송에 대하여 재허가를 거부한다. 방송통신위원회는 시청자 보호를 위해 <붙임1>과 같이 방송연장을 명령한다.

<2안> ㈜경기방송에 대하여 <붙임 2>와 같이 조건 및 권고사항을 부가하여 조건부 재허가를 하되, 허가 유효기간은 3년으로 한다. 허가

유효기간에도 불구하고 재허가 조건 중 아래의 조건을 이행하지 않으면 허가를 취소할 수 있다."[182]

두 가지 안이 제시됐다. 1안, 재허가 거부, 방송국 문 닫는다는 것이고, 2안, 조건부 재허가, 방송국 유지 시키되 강력한 조건을 부과해 문제를 개선하도록 한다는 것이다. 그 조건은 무엇일까?

첫 번째 조건은 경영권을 실질적으로 지배하고 있는 H를 경영에서 즉시 배제하라는 내용이었다.

"이 조건을 통보받은 즉시 '경영권을 실질적으로 지배하고 있는 자'를 방송사 경영에서 배제할 것, '경영권을 실질적으로 지배하고 있는 자'는 방송법 제15조의2에 따른 방통위의 승인을 얻을 것."[183]

두 번째 조건은 석 달 내에 대표이사 책임경영 등 소유경영 분리안을 마련하라는 것이었다. 즉, 이사회 구조를 투명하게 바꾸라는 조건이었다. 그렇게 새로 구성된 이사회가 3개월 이내에 경영 투명성과 편성독립 강화를 위한 경영개선 계획을 제출하고 매년 방통위에 보고하라는 게 세 번째 조건이었다.

장대호 과장은 이러한 방통위의 조치에 대한 법률적 배경과 근거를 다소 길지만 하나하나 구체적으로 나열한 뒤 보고를 마쳤다. 이제 방통위원들의 선택만 남았다. 1안인가, 2안인가, 새로운 절충안인가.

제일 먼저, 더불어 민주당 추천의 허욱 방송위원이 발언했다. 그는 1안, 재허가거부 쪽을 선택했다.

"지난 9월 25일 경기방송 이사회 직후에 경기방송 임직원과 경기도

182   제 67차 방송통신위원회 속기록」
183   「제67차 방송통신위원회 회의 속기록」(방송통신위원회, 2019.12.30.), 10쪽.

의회 등이 공고한 경기방송의 입장문 일부를 잠시 인용해 보겠습니다. '약 70%의 주주들은 같은 주주인 H에게 모든 권한을 이미 위임했습니다. 이사들은 직원 전체와 H를 놓고 선택하라고 한다면 생각할 필요조차 없이 H를 선택할 것입니다.'[184]

경기방송 이사들의 이러한 인식은 지역 라디오 방송의 주주나 경영진의 문제가 어느 정도 수준인지를 적나라하게 드러냈다고 봅니다.

최근 3년간의 경기방송 이사회와 주총 의사록을 살펴보면 H는 직원 신분이면서도 동시에 임원인 이사이고, 또 때로는 대표이사 직무대행을 맡기도 했습니다. 필요시에는 다른 사람을 대표이사로 내세운 뒤에 인사와 감사, 대외업무만 맡기고, 즉 이사회의 권한을 한정시키고 내부 조직관리와 재정은 본인이 맡는 등 사실상 H 본인의 뜻대로 회사를 운영하는 1인 경영체제를 유지해 왔음을 알 수 있습니다. 특히 자신이 직원 사직서와 이사 사임계 처리 안건이 상정된 올해 9월 16일과 9월 25일 이사회에서 제척사유에 해당하는 H임원 본인이 이사회 의장을 맡아서 사직서와 이사 사임계를 반려시키는 등 어처구니없는 전횡을 일삼아 왔습니다.

방통위는 이달 11일 경기방송의 재허가 의결을 보류하면서 경영의 투명성, 편성의 독립성 제고를 위한 개선계획 제출을 요구하고 지난 23일 청문을 했습니다. 그러나 경기방송은 올해 재허가 기준점수인 650점에 미달한 것은 물론 경영 투명성과 편성의 독립성 강화를 위한 실질적인 계획을 내놓지 못했습니다.

현재 경기방송 운영 상황과 지난 10년간의 행태를 종합적으로 고려

---

184   주식회사 경기방송 이사회 이사 및 주주(약 70%) 일동, 「경기방송 임직원들에게 고함」경기방송 사내 게시 인쇄물, 2019년 9월 25일

해 보면, 경기방송의 문제점이 '조건부 재허가'로 과연 근본적인 개선책이 될 수 있을까에 대해 저는 매우 회의적입니다. 따라서 경기방송의 '재허가를 거부'하는 <1안>으로 의결하는 것이 타당하다고 봅니다. '재허가 거부'의 근거는 보고받은 바와 같이 매우 많습니다."[185]

한 사람에게 사유화된 방송국

허욱 의원은 '조건부 재허가'로 또다시 기회를 줘봐야 한 사람에 의해 '사유화'된 경기방송이 방통위가 부과하는 조건을 제대로 개선할 여지가 없어 보인다며 경영진의 방송법, 상법 위반 의혹을 거론했다.[186] [187]

이어서 표철수 위원이 발언했다. 국민의 당 추천 인사로 이번 재허가 심사위원장을 맡았던 표철수 위원은 허욱 위원과는 다르게 2안, 조건부 재허가를 지지했다.

"단서가 재허가를 거부하여야 마땅하나 경기방송이 지역 종합편성 라디오 사업자로서 20년 넘게 방송을 해온 점, 그리고 청취자들의 청

---

185 「제67차 방송통신위원회 회의 속기록」(방송통신위원회, 2019.12.30.), 13쪽.

186 "방송편성의 자유와 독립을 천명한 방송법 제4조의 취지를 완전히 무시하고 공적 책임 있는 방송사를 사유화하고 있습니다. 세부적으로는 H가 심OO 등 주주 70%로부터 주주권을 포괄적으로 위임받아 사실상 경영권을 지배하는 자에 해당하나 이를 위한 최고액출자자 변경승인을 받지 않음으로써 방송법 제15조의2를 위반하고 있는 상태입니다.

또한, H가 자신의 직원 사직서와 이사 사임 안건을 다룬 이사회 의장을 맡아서 해당 안건을 반려 형식을 통해 부결시킨 것은 특별한 이해관계가 있는 이사는 의결권을 행사하지 못한다면 상법 제368조 제4항을 위반한 것입니다. 심OO 이사(재일교포) 역시 이사는 스스로 이사회에 출석해야 하며, 대리는 출석할 수 없다는 상법 제391조 제2항 위반, 즉 대리 참석 불가 위반입니다. 이사회의 출석을 수차례 허위로 기재해서 상법 제391조의3을 위반했습니다.

이밖에도 대표이사의 경영권 제한과 감사위원회 독립성 부재 등 이사회를 개인회사처럼 운영하고 있다는 것은 매우 중대한 문제이고, 지자체로부터의 과도한 협찬을 지양하라는 권고사항도 여태껏 이행되지 않았습니다."

187 「제67차 방송통신위원회 회의 속기록」(방송통신위원회, 2019.12.30.), 14쪽.

취권 보장 등을 종합적으로 고려하여 조건부로 재허가하자고 되어있는데, 저는 한번 확실하게 내부 사정을 고칠 수 있는, 경영 등 여러 가지 문제가 되는 것을 확실하게 고쳐서 사업자로서 계속 갈 방안을 한번쯤 더 택해도 괜찮지 않겠느냐 해서 저는 <2안>으로 갔으면 좋겠다고 생각합니다."[188]

1대1, 먼저 발언한 두 사람이 각기 다른 안을 선택한 가운데 세 번째 발언자의 선택이 주목되었다.

세 번째 발언자는 대통령 추천인사인 김창룡 위원이었다. 그는 우선 방송법과 상법 위반 의혹에 대해 '수사 의뢰'를 검토해달라고 주문했다.

"이 재허가 건과는 별도로 수사 의뢰를 적극적으로 검토해 달라는 말씀을 드리고 싶습니다. 지금 보고한 내용을 보면 경기방송 같은 경우 청문 당시 전무이사 H가 사내이사 2대 주주로부터 포괄적 위임을 받았다고 위임장까지 제출했습니다. 그러나 상법상 주주총회에서 대리인 의결권 행사는 가능하지만, 이사회에 대해서는 대리 규정을 하지 않습니다. H가 포괄적 위임을 내세워서 상법과 정관에 근거가 없는데도 불구하고 이사회에서 직원을 징계하는 등 다분히 불법의 소지가 있어 보이기 때문에 이런 부분에 대해 수사 의뢰를 검토해 주시는 것이 어떤가 싶습니다.

또 방송법 위반도 지적이 나왔습니다. 대주주 등 주주 과반 이상의 권한을 포괄적으로 위임받은 전무이사가 방송법 제15조의2의 경영권을 실질적으로 지배하는 자로 볼 수 있고, 이에 따라 방통위에 변경승인 신청과 승인 절차를 거쳐야 하는데 이것을 이행하지 않고 있어서

---

188 「제67차 방송통신위원회 회의 속기록」(방송통신위원회, 2019.12.30.), 15쪽.

불법의 소지가 다분합니다. 또 이미 나온 이야기지만 방통위에 허위 자료 제출, 이 부분도 수사를 의뢰하는 것을 검토해 볼 것을 권고드립니다."[189]

막판 반전

그러나 김창룡 의원은 발언 말미에 2안인 조건부 재허가를 지지함을 밝혔다. 조건부 재허가를 주되 수사결과 위법이 확인되면 즉시 허가를 취소시키자는 절충안이었다.

"말하자면 방송법과 상법을 토대로 수사를 의뢰해서 이 수사결과에 따라 법 위반이 확인되면 방송 허가는 즉각 취소되어야 한다고 봅니다."[190]

그러자 조건부 재허가를 지지했던 표철수 위원도 발언권을 얻어 방통위가 부과하는 조건을 좀 더 확실하게 바꾸자고 제의했다.

"<2안>의 경우 '허가 유효기간 3년에도 불구하고 재허가 조건 중 아래의 조건을 이행하지 않을 때는 허가를 취소할 수 있다'라고 되어 있는데 이것도 '허가를 취소한다'로 수정했으면 좋겠습니다."[191]

이로써 2대1, 조건부 재허가를 주는 쪽으로 분위기가 잡히자 재허가 취소를 주장했던 허욱 위원이 발언 기회를 얻어 말했다. 자신은 여전히 재허가 취소안을 지지하지만 만일 조건부 재허가로 결정되더라도 경기방송의 주요 주주들 간 내부 거래 여부, 일본에 거주하는 주주에 대한 배당소득 세금 처리 문제, 방송업 외 음식업 운영 등 해외 합작투자 등과 관련된 독직이나 배임 문제 수사 의뢰는 추진해나갔으면

189 「제67차 방송통신위원회 회의 속기록」(방송통신위원회, 2019.12.30.), 15쪽.
190 제67차 방송통신위원회 회의 속기록」(방송통신위원회, 2019.12.30.), 15쪽.
191 「제67차 방송통신위원회 회의 속기록」(방송통신위원회, 2019.12.30.), 15~16쪽.

좋겠다고.[192]

이후 한상혁 위원장은 부재중인 김석진 부위원장(자유한국당 추천)도 조건부 재허가인 2안에 찬성했다고 밝혔다.[193] 사실상 경기방송에 대한 조건부 재허가가 확정된 것이다. 수사 의뢰 부분에 대해 방송정책국장이 실무진의 의견을 제시했다.

"수사 의뢰 부분은 좀 더 검토해 보겠습니다. 방송법 위반사항은 일단 방송법에 따라 방통위가 시정명령을 조치할 수 있는 것이 있고, 형벌 벌칙조항이 있는 한해서는 수사 의뢰를 할 수 있습니다. 그리고 상법 위반 부분도 좀 더 확인해서 그것은 별도로 보고드리겠습니다."[194]

이에 대해 한상혁 방통위원장은 수사 의뢰 건은 '부가의견'이 아닌 방통위 '별도안건'으로 놓고 차후에 지속해서 들여다봐야 한다고 밝히며 이날의 회의를 정리했다.

"그러면 이 안건은 의결주문 <2안> '㈜경기방송에 대하여 <붙임 2>와 같이 조건 및 권고사항을 부가하여 조건부 재허가를 하되, 허가 유효기간은 3년으로 한다. 허가 유효기간에도 불구하고 재허가 조건 중 아래의 조건을 이행하지 않을 때는 허가를 취소한다, 위원님들, 이의 없으시지요? 가결되었습니다."[195]

---

192 「제67차 방송통신위원회 회의 속기록」(방송통신위원회, 2019.12.30.), 16쪽.
193 「제67차 방송통신위원회 회의 속기록」(방송통신위원회, 2019.12.30.), 16쪽.
194 「제67차 방송통신위원회 회의 속기록」(방송통신위원회, 2019.12.30.), 16쪽.
195 「제67차 방송통신위원회 회의 속기록」(방송통신위원회, 2019.12.30.), 17쪽.

제야의 종소리

　다음날인 12월 31일 밤 11시 59분, 임진각, 경기방송의 P기술팀장은 이동식 중계 차량 조종석에서 시계를 보고 있었다. 2019년을 보내고 새해 2020년을 맞는 제야의 종 타종행사가 딱 1분 후에 거행되기 때문이다.

　그는 조마조마했었다. 전날(12월 30일) 방통위가 재허가를 거부했다면 경기방송은 하루 뒤인 2019년 12월 31일 자정까지 방송을 끝으로 정파될 운명이었기 때문이다.

　뚜뚜뚜 무음. 생각만 해도 끔찍한 상황이었다. 그러나 조건부 재허가를 받은 경기방송은 여느 때처럼 제야의 종 타종행사를 생방송으로 송출할 수 있었다.[196]

　"셋, 둘, 하나, 뚜웅~"

　임진각에서 울려 퍼지는 제야의 종소리는 99.9 채널을 통해 경기도 전역에 울려 퍼졌다.

196　경기방송의 P기술팀장이 2020.4.29. 복직한 필자에게 방송국 휴게실에서 들려준 이야기였다.

새해가 밝았다. 2020년 경술년. 해고된 지 56일째였던 나와 윤종화 기자도 라디오로 제야의 종소리를 들으며 새해를 설계하고 있었다. 바깥 체감기온은 영하 14도였지만 새해에는 뭔가 좋은 일이 일어나리라, 나도 따뜻한 온기를 실천하리라, 다짐하며 옷깃을 여미었다.

"가장 따뜻한 겨울을 보내게 해주신 많은 분께 감사드립니다.
올 한해 정말 많은 일을 겪었지만 결국 그 끝에 남아 있는 건 37.5도 인간의 온기였습니다. 피투성이가 되어 버려졌던 저희의 손을 잡아주신 그 따뜻한 손길을 평생 잊지 못할 것입니다. 새해에는 저희도 누군가의 손을 그렇게 따뜻하게 잡아드리는 삶을 실천해 보겠습니다. 새해 복 많이 받으시고 가족 모두의 건강과 행복을 기원합니다. 저의 단짝 윤종화 기자의 마음까지 얹어서 노광준 올림."[197]

197 노광준, '오늘 해고되었습니다 (16) 새해 계획' (노광준의 페이스북, 2019.12.31) 페이스북 페이지
url : https://m.facebook.com/story.php?story_fbid=2643923979009477&id=100001757011928

자진

폐업

신뢰도 정당성도 눈가리고

방통위가 경기방송에 부과한 재허가 조건은 크게 세 가지였다. 경영을 실질적으로 지배하던 자 즉시 배제, 이사회 재편, 편성 독립성 보장계획을 석 달 안에 제출할 것.[198] 이제 공은 경기방송으로 넘어갔다. 세간의 시선은 과연 경기방송 경영진이 이 세 가지 과제를 주어진 석 달 안에 어떻게 풀어나갈지에 쏠렸다.

2020년 1월 2일, 정수열 경기방송 대표이사는 조건부 재허가에 따른 조직개편을 단행했다며 이에 따른 인사발령을 공고했다. H가 기존 임원직을 면하고, 대신 새로 신설된 신사업추진단 단장으로 옮겼다는 것이 주 내용이었다.

다음과 같이 인사발령을 공고함.

H임원

명) 신사업추진단 단장 - 해외사업, 자회사(사업 부분) 관리

---

198 「제67차 방송통신위원회 회의 속기록」(방송통신위원회, 2019.12.30.), 10쪽.

발령 일자 : 2020년 1월 2일

시행 일자 : 2020년 1월 3일[199]

경기방송 경영진은 방통위 조건을 지키기 위해 신사업추진단을 신설해 H임원에게 자회사와 해외사업을 맡긴다고 밝혔다.[200] 방송국 경영에는 전혀 관여하지 않는다는 설명이었다.

과연 그럴까? 당시 경기방송이 베트남 국영라디오채널(VOV)와 교류하는 주된 내용은 방송프로그램 교류였다. 베트남의 프로그램을 경기방송에 편성하고 경기방송이 제작한 프로그램을 베트남에 편성시키며 양자의 수익모델을 찾는 사업이었다. 제작이나 편성에 무관할 수 없는 업무였다.[201]

더구나 경기방송 자회사는 당시 경기방송의 온라인 사이트와 모바일 사이트를 관리하고 있었다. 라디오 공개방송 등 수익사업 일부를 담당했다. 보도제작에 무관한 업무가 아니며 이 자체가 경영이었다. 회사가 발표한 조직개편 직제를 보더라도 신사업단장의 직위는 경영지원국장, 보도제작국장 위에 있는, 국장보다 높은 직급이었다.[202]

노동조합이 즉각 이의를 제기했다. 제보자들의 해고와 H임원 승진 발령에도 침묵을 지켜오던 경기방송 노동조합은 1월 2일 오후 10여 명의 조합원이 '단결투쟁' 글씨가 새겨진 붉은 조끼를 입고 대표이사

---

199   2020년 1월2일 경기방송 사내에 게시된 '사령'은 '경기방송 대표이사 정수열' 명의로 H임원에 대한 인사발령 사항을 공고하는 내용으로 발령일자는 2020년 1월2일, 시행일자는 2020년 1월3일로 명시되어 있었다.

200   이미나, '경기방송, H '신사업단장' 임명 이틀만에 면직' (PD저널, 2020.1.6)

201   최찬흥, '경기방송-베트남 국영라디오, 프로그램 상호 교류' (연합뉴스, 2017.7.27)

202   정수열 당시 경기방송 대표이사는 2020년 1월2일 경기방송 사내에 현 전무이사에 대한 인사발령 '사령'을 게시하면서 동시에 새롭게 개편된 '경기방송 조직도'를 게시하였다. 필자가 입수한 경기방송 조직도에 따르면 신사업추진단장의 직위는 사장 바로 아래에 위치했다.

면담을 요청하며 회사측의 조치를 받아들일 수 없다는 입장을 전달했다. 다음날인 1월3일에는 노동조합 명의로 성명서를 발표했다.[203]

"이번엔 신사업추진단 단장? 눈 가리고 아웅은 이제 그만"[204]

회사가 H임원 한 사람을 위해 하루아침에 '신사업추진단'이라는 직제를 뚝딱 신설해 꼼수 인사를 펴고 있다며 H는 물론 꼼수 인사를 수수방관해온 대표이사까지 퇴진하라고 주장했다.

"경기방송 창사 이래 최대 위기를 계속해서 자초하고 있는 H와 대표이사는 하루빨리 용기 있는 퇴진으로 언론 후배들에게 박수를 받는 선택을 하길 바란다."[205]

1월 3일 오후, 회사측 답변이 노동조합에 통지됐다. 전무이사 사직. 경기방송은 노동조합에 보낸 공문을 통해 H가 사직하고 신사업추진단도 폐지했음을 알려왔다.

"경기방송은 3일 자로 분회에 보낸 공문에서 '전무이사의 이사 사임에 따라 전무이사 직제를 폐지하고 경영에서 배제', '신사업추진단 폐지', '편성심의위원회를 신설하여 편성의 독립성 강화' 등 조직개편 내용을 알렸다. 신사업추진단장으로 발령낸 것을 철회하고, H의 등기이사직 역시 폐지한다는 내용이다. 경기방송 분회는 H임원이 전무이사직에서 내려오는 것뿐 아니라 사직 의사를 밝히면서 사직 처리됐다고 전했다."[206]

---

203 본문 내용은 필자가 정수열 당시 대표이사, 장주영 당시 노조위원장으로부터 확인한 사실을 기반으로 작성하였다.

204 전국언론노동조합 경기방송 분회 성명 '이번엔 신사업추진단 단장? 눈 가리고 아웅은 이제 그만' (전국언론노동조합 누리집, 2020.1.3)

205 전국언론노동조합 경기방송 분회 성명 '이번엔 신사업추진단 단장? 눈 가리고 아웅은 이제 그만' (전국언론노동조합 누리집, 2020.1.3)

206 이재진, 'H 사직 처리… 경기방송 사태 일단락' (미디어오늘, 2020.1.6)

태도가 곧 본질이다

2020년 1월 14일 오후, 임시 이사회가 열렸다. H의 사임계가 수리됐다.[207] 경기방송을 실질적으로 지배해온 한 사람이 결국 물러났다.

다음날인 1월 15일, 경기도의회 더불어민주당 의원들은 이에 대한 공식성명을 발표했다. 개별언론사 상황에 대한 정치권의 논평은 극히 이례적인 일이었다.

"경기방송의 이번 결정은 용기 있는 내부제보자와 국민이 함께 이룬 것이다. 경기방송은 이번 사태로 공기(公器)인 언론으로서 역할에 대해 깊이 생각하는 계기가 되길 바라며, 도민에게 신뢰받는 언론으로 거듭나길 다시 한번 당부한다."[208]

노광준과 윤종화에게는 난데없는 격려 전화가 쏟아졌다. 복직을 기정사실로 놓고 복직논의는 어떻게 되고 있는지를 묻는 전화도 많았다. 그러나 제보자들이 실제 느끼는 공기는 달랐다. 여전히 차가웠다.

---

207 박다예, '경기도의회 민주당 "경기방송 신뢰받는 언론으로 거듭 나길"' (뉴시스, 2020.1.15)
208 경기도의회 더불어민주당 성명서 '경기방송은 이번 사태를 계기로 도민에게 신뢰받는 언론으로 거듭나길 바란다.' (보도자료 및 다수 언론보도, 2020.1.15)

"요 며칠 새 조금 난감한 상황이 있습니다. 몇몇 분들께서 저에게 뉴스 봤다며 축하 전화를 해오시는데, 축하받기도 그렇고 아니라고 말씀드리기도 그렇고, 좀 그렇습니다."[209]

노광준은 페이스북에 아직도 경기방송 공식 홈페이지에는 지난날의 일들을 언론탄압으로 왜곡하고 제보자를 허위밀고세력으로 규정하는 글들이 버젓이 게시되어있다며 신중한 입장을 밝혔다.

"태도가 곧 본질입니다. 단편적인 말이나 일회적인 행동으로는 사람의 본질을 파악할 수 없다고 합니다. 말이 아닌 행동이 쌓여 이뤄진 태도가 곧 그 사람의 본질이라고 합니다. 경기방송의 공지사항 게시판을 보면, 경기방송은 단 한 번도 사과하지 않았습니다. 책임지지도 않았습니다. 제보자에 대한 해고를 정당화시키는 인격살인을 버젓이 게시해놓고 있습니다. 저 주홍글씨들이 나부끼고 있는 한 저는, 그분께서 사표를 내시든 마시든 그것이 저희 복직과 연관될 거라는 기대를 하기에는 참 버겁습니다. 앞으로 이사나 감사, 대표이사가 누가 오시든 저 주홍글씨들이 나부끼고 있는 한 그것이 방통위나 일반 시민들이 생각하는 투명한 경영, 공정한 경영일 거라고 믿기는 힘들 것입니다. 태도가 곧 본질입니다. [경기방송 공지사항]은 경영 정상화의 '리트머스 시험지'가 될 것입니다."[210]

전무이사 사퇴 이후에도 해고자들의 복직논의는 없었다. 회사측은 물론 노동조합도 일언반구 언급하지 않았다. 해고가 부당해고였다는 지방 노동위원회 결정이 나왔을 때도 마찬가지였다.

209 노광준, '오늘 해고되었습니다 (19) 태도가 본질' (노광준의 페이스북, 2020.1.8) 페이스북 페이지 url : https://m.facebook.com/story.php?story_fbid=2662267257175149&id=100001757011928
210 노광준, '오늘 해고되었습니다 (19) 태도가 본질' (노광준의 페이스북, 2020.1.8) 페이스북 페이지 url : https://m.facebook.com/story.php?story_fbid=2662267257175149&id=100001757011928

이사회

방통위는 민영방송인 경기방송 이사회에 대해 매우 높은 수준의 재허가 이행조건을 부과했다. 대표이사 선임절차부터 사내이사, 사외이사, 감사 선임에 이르기까지 모르는 사람들이 보면 '사회주의 아니냐'는 의문이 들 정도였다. 그러나 여기에는 그럴만한 속사정이 있어 보인다. 재허가 당시 경기방송 주요이사진의 구성현황은 이러했다.[211]

대표이사 : 방송 PD 출신 대학교수

이사A : 재일교포 사업가

이사B : 방송기자 출신 내부승진

이사C : 경기방송 내부승진

사외이사 : 건설업체 대표[212]

---

211 「제67차 방송통신위원회 회의 속기록」(방송통신위원회, 2019.12.30.), 10쪽.

212 본문내용은 필자의 변호인이 경기지방노동위원회 심문회의를 준비하는 과정에서 확보한 (주) 경기방송의 '등기사항전부증명서(말소포함)'에 따른 것으로 해당 서류의 발급기관은 법원행정처 등기정보중앙관리소이고 발급일은 2020년 3월4일이었다.

겉으로 보기에는 문제 있어 보이지 않는다. 그런데 여기에 몇 가지 정보를 추가시켜 다시 살펴보자. 다른 그림이 그려질 것이다.

대표이사 : 임기 1년, 공모절차 없었음.

이사A : 2대 주주, 일본 거주, 방송법 위반 전력, 이사B에게 경영권 위임.

이사B : 5대 주주, 경영을 실질적으로 지배

이사C : 이사B의 최측근 직원

사외이사 : 이사B 주도 방송신관공사 전담[213]

어떤 그림이 그려지는가. 방통위는 이렇게 진단했다.

"소유·경영 분리 및 경영 투명성 등의 문제가 지속되고 있음."[214]

이런 진단을 바탕으로 방통위는 이사회 재편에 대한 구체적인 조건을 제시했다. 그 첫 번째는 대표이사 선임절차와 임기였다.

"대표이사 책임경영을 위한 정관개정 및 공개채용 등 대표이사 선임절차를 마련할 것"[215]

공채 없이 선임된 1년짜리 대표이사에게 책임경영은 무리라는 의미다. 실제로 경기방송은 23년간 한 번도 대표이사에 대한 공개채용 절차를 밟은 적이 없었다. 내부에서는 '공개채용을 하면 뭘하나, 어차피 이사회에서 뽑을 건데….' 하는 자조 섞인 목소리도 있었다. 냉정한 현실이기도 했다.

---

213 본문내용은 필자의 변호인이 경기지방노동위원회 심문회의를 준비하는 과정에서 확보한 (주) 경기방송의 '등기사항전부증명서(말소포함)'에 등재된 이사들의 실명을 확인한 뒤 방통위 속기록과 구글검색을 통해 필지가 이사들의 경기방송 관련 사항을 찾아낸 뒤 확인한 것으로, 예를 들어 사외이사가 경기방송의 신관공사를 전담했다는 사실은 사외이사가 운영하는 건설사 홈페이지에 공개된 내용이다.

214 「제67차 방송통신위원회 회의 속기록」(방송통신위원회, 2019.12.30.), 11~12쪽.

215 「제67차 방송통신위원회 회의 속기록」(방송통신위원회, 2019.12.30.), 10쪽.

방통위는 대주주로부터 독립된 이사진 선임을 요구했다.

"재허가 이후 3개월 이내에 주요 주주와 특수관계자가 아닌 사람을 독립적인 사내이사로 위촉할 것, 경영의 투명성 제고를 위해 공모절차 등을 거쳐 사외이사·감사 또는 감사위원을 선임할 것"[216]

시계는 바삐 돌아갔다. 사실 위 조건을 성실히 이행하려면 3개월이라는 시간은 빠듯한 게 현실이다. 대표이사 임기를 조정하는 정관개정은 주주총회를 열어야 하고, 한편으로 독립적 사내이사 위촉에 사외이사와 감사 공모절차를 밟아 이사진 재편을 마친 뒤, 대표이사 공개채용 절차에 임하는 게 정상적인 회사법인의 순서였기 때문이다. 경기방송은 어떤 절차를 밟았을까?

2020년 1월 9일, 경기방송은 홈페이지를 통해 비상근 사외이사를 공개적으로 채용한다고 공지했다. 서류접수는 1월 14일까지.

부여직책 : 사외이사와 감사위원

지원자격 : 1) 회사경영에 경험이 풍부한 전·현직 임원 또는 고위 간부

　　　　　　2) 연령제한 없음

지원서류 : 이력서 및 경력소개서

전형방법 : 서류심사 후 이사회에서 개별면접[217]

그러나 이게 처음이자 끝이었다. 대표이사에 대한 공개채용 절차도 없었고, 이사회 재편도 없었다. 이날 공고된 사외이사 채용결과가 어

---

216 「제67차 방송통신위원회 회의 속기록」(방송통신위원회, 2019.12.30.), 10쪽.

217 2020.1.9. 경기방송 홈페이지 공지사항에 게시된 '경기방송 임원공모(안)'은 비상근 사외이사 및 감사임원 공모에 대한 지원자격 및 접수절차를 소개하고 있으며 서류접수처는 경기방송 경영지원국 (경기도 수원시 영통구 영통동 961-7, 5층) (☎ 031-210-0930, FAX 031-210-0919) 으로 명시되어 있었다.

떻게 되었는지 공개된 정보도 없었다.

그로부터 한 달이 조금 지난 2월 19일 오후, 경기방송 이사회는 '방송사를 자진 폐업한다'는 결정을 내렸다. 이런 결정을 내린 이사진은 누구였을까? 현재로서는 공개된 바가 없다. 2020년 3월 4일자 등기부 등본에 나타난 당시 이사진의 명단은 2019년 12월 말 재허가를 받을 당시 명단과 똑같았다. 사직서를 제출했다는 H도 여전히 등기부 등본상 이사로 이름을 올리고 있었다.

방통위는 이사회를 재편하라는 이행조건을 부과했지만 달라진 것은 없었다.

폐업 조짐

큰일이 터지기 전에는 경미한 조짐이라도 나타난다.

경기방송 내부에서는 결코 경미하다고 볼 수 없는 일들이 벌어지고 있었다. 이사회가 자진 폐업을 결정하기 이틀 전이던 2020년 2월 17일, 한국PD연합회는 성명을 발표했다.

"경기방송은 방통위 재허가를 포기할 작정인가" [218]

성명은 당시 경기방송의 내부상황을 적나라하게 드러내고 있었다. 일방적인 개편안 '내려먹이기', 보복인사 논란…. 피디들이 열심히 개편안을 짜서 제출했지만, 제작 전문성이 없는 윗선에서 이를 거부하고 회사안을 들고나와 개편을 강행했다는 주장이었다.

"보도제작국장과 보도·제작부장은 PD들이 제안한 개편안을 특별한 이유 없이 거부한 채 사측의 개편안을 일방적으로 통보했다고 한다."[219]

218 한국PD연합회 성명전문, '경기방송은 방통위 재허가를 포기할 작정인가' (PD저널, 2020.2.17)
219 한국PD연합회 성명전문, '경기방송은 방통위 재허가를 포기할 작정인가' (PD저널, 2020.2.17)

보도와 제작을 통합 관리하는 중책을 맡던 보도제작국장은 제작 경험이 없는 기자 출신으로, 노동조합은 그를 H임원의 최측근 인사로 규정짓고 있었다.[220]

보도제작부장 역시 제작 경험 없는 외부 영입 기자 출신으로, 노동조합은 낙하산 인사 의혹을 제기하며 인사 검증을 요구했지만, 회사는 검증을 주도한 기자들 3명의 출입처를 바꿔 '보복인사' 논란까지 일고 있다고 주장했다.

"보도제작 부장의 채용과정에 대한 인사 검증을 요구하자 사무국장 이하 노조원 3명의 출입처를 사전 상의도 없이 하루 만에 변경하는 사실상 노조 탄압을 자행하고 있다."[221]

낙하산 의혹에 휩싸인 보도제작부장은 경기방송 노조위원장과 피디연합회장을 명예훼손 혐의로 고발했지만, 수사기관은 2020.5.29. 불기소 처분을 통보했다.[222]

전문성 없는 인사와 일방적인 개편 등 편성 독립성 논란도 일었다. 한국PD연합회는 일방적인 개편이 이뤄졌고 그 뒤에 H가 힘을 발휘하는 것은 아닌지 석연치 않은 의사구조의 배경을 의심했다.

"H 전임원은 모든 공식 직책을 포기했지만, 아직도 일부 경영진과의 친분을 통해 배후에서 영향력을 행사하고 있다고 의심받는다. 아직 제작 업무 파악이 되지 않았다고 스스로 밝힌 보도·제작부장이 PD들과의 대화나 토론도 없이 일방적으로 개편안을 밀어붙인 배경도

---

220 전국언론노동조합 경기방송분회 성명서 '막가파식 인사전횡을 당장 철회하라' (전국언론노동조합 누리집, 2020.2.12)

221 전국언론노동조합 경기방송분회 성명서 '막가파식 인사전횡을 당장 철회하라' (전국언론노동조합 누리집, 2020.2.12)

222 본문의 내용은 필자가 고발당해 조사를 받고 불기소 처분을 통보받은 당사자들인 경기방송 노조위원장과 경기방송 피디협회장으로부터 직접 확인한 사실이다.

석연치 않다."[223]

한 언론매체는 '경기방송은 여전히 H임원 체제?'라는 기사를 통해 H가 여전히 출근하고 있다는 내용을 보도했다.

"H 임원은 지난달 14일 자리에서 물러났지만, 이후에도 현재까지 경기방송에 출근하고 있는 것으로 전해진다. 지난해 H가 일본 수출규제 국면 당시 정부대응과 국민 불매운동을 비하하면서 경기방송 전면 출연 거부를 의결한 경기도의회 더불어민주당은 최근까지 경기방송 출연 재개를 논의했지만 H가 경기방송에 여전히 영향력을 행사하고 있는 것 같다는 소식을 접한 뒤 출연 재개 논의를 중단했다."[224]

모든 일에는 전조가 있었다.

223 한국PD연합회 성명전문, '경기방송은 방통위 재허가를 포기할 작정인가' (PD저널, 2020.2.17)
224 송창한, '경기방송은 여전히 H 체제?' (미디어스, 2020.2.11)

자진 폐업

2020년 2월 19일, 노광준은 50번째 생일을 맞고 있었다. 평상시보다 훨씬 더 많은 생일축하 문자와 커피, 케이크, 선물 앞에서 감격하고 있었다.

그날 오후, 경기방송 이사회는 만장일치로 자진 폐업 결정을 내렸다. 이 사실을 5일 뒤 노조에 공식통보했다.

"긴급이사회 결의 통보의 건, 경기방송 이사회는 방송통신위원회에 방송허가권을 반납하고, 지상파방송사업을 폐업하기로 했음을 통보함."[225]

아울러 폐업이 확정되는 주주총회가 열릴 때까지 시설파손이나 업무방해 행위 등이 있으면 단호한 법적 대응을 하겠다는 뜻을 노조에 전달했다. 집단행동에 대비해 사전경고를 날린 것이다.

이 소식을 언론 보도를 통해 알게 된 노광준은 페이스북에 분노를 쏟아냈다. 경기방송은 누구 것이냐고. 그 많은 직원 실업자로 만든 채

---

225   이재진, '끊이지 않은 논란 경기방송 이번엔 "방송사업 폐업" (미디어오늘, 2020.2.25)

방송을 통해 축적한 부동산 등 그 많은 재산은 누가 누구에게 나누어 가질 수 있느냐고. 그래도 되느냐고.

"방송국 문을 닫겠다고 합니다. 방송 사업권을 스스로 반납하겠다는, 지상파 방송 역사상 초유의 일이라고 합니다. 세계적으로도 유례없을 듯합니다. 적자도 아니고 빚 한 푼 없는 방송국이 스스로 전파를 반납하는 사례를 어디서 찾아볼 수 있을까요. (중략)
 수원 영통에 자리 잡은 사옥의 부동산 가치와 꽤 많이 축적된 사내유보금 등, 그동안 방송사업을 했기에 이룰 수 있었던 그 많은 재산적 가치들은, 한순간에 그 많은 직원 실업자로 만든 채 누가 누구에게 나눠 갖는다는 건지, 그게 맞는 것인지….
 경기방송은 누구 겁니까? 예전에는 안다고 생각했는데 지금은 모르겠습니다. 정말 모르겠습니다."[226]

 일주일 뒤, 경기지방노동위원회로부터 알림 문자가 왔다. 부당해고 여부를 가리는 카운트다운이 시작된 것이다.

 "귀하 사건의 심문 회의가 2020년 3월 9일 14:10에 개최됩니다"

226 노광준, '오늘 해고되었습니다 (25) 문닫는다고?' (노광준의 페이스북, 2020.2.25) 페이스북 페이지 url : https://m.facebook.com/story.php?story_fbid=2760201317381742&id=100001757011928

부당해고 인정

3월 9일 월요일 경기지방노동위원회 제1심문회의실 앞.

경기방송측 인사들이 한데 모여 들어왔다. 변호사 두 명과 노무사 한 명, 증인 세 명(경기방송 직원들)에 인솔자로 온 L 이사까지 모두 7명이나 됐다. 반면 해고자 쪽은 딱 세 명. 해고자 둘(노광준, 윤종화)에 변호사 한 명이었다.

"들어오시면 됩니다."

오후 2시, 문이 열리고 심문 회의가 시작됐다. 가운데 앉은 세 사람의 공익위원들이 사실관계를 물어봤다. 이미 수백 쪽에 달하는 서류들을 몇 번씩 정독한 듯 핵심만 간단히, 송곳 같은 질문이 이어졌다. 그리고 가장 먼저, 회사 측이 강조해오던 '식사 자리에서의 개인 발언이었을 뿐'이란 논리가 무너졌다.

위원 : (강제징용 대법원 판결 이야기가 나왔던) 7월 4일 저녁 횟집 회식 자리와(불매운동 관련 발언이 나왔던) 8월 5일 점심 식사 자리

의 결제는 누가 했죠?

L이사 : 회사법인카드로 했습니다.

위원 : 사적인 모임에 법인카드 쓰나요?

L이사 : 아니요.

위원 : 그럼 사적인 모임은 아니었네요.

L이사 : ….

회사 측이 최근 해고자들을 명예훼손과 업무방해 혐의로 형사고발한 사실도 밝혀졌다.

위원 : (해고자들이) 하지도 않은 말을 허위제보했다면 즉시 법적 대응 등을 해야지 왜 사과와 사퇴 약속을 했습니까?

L이사 : 지난주 수원지검에 고발 했습니다.

위원 : 형사고소를 왜 이제야 하나요?

L이사 : 회사 어렵고 정신이 없어서….

누가 들어도 납득하기 어려운 답변이었다.

잠시 후 회사 측 노무사의 입에서 충격적인 발언이 나왔다.

"H님에 대한 명예훼손은 회사에 대한 명예훼손입니다."

짐이 곧 국가다, 라는 루이 14세의 말이 떠오르는 대목이었다. 제보자들에 대한 해고 사유와 근거를 확인하는 공익위원의 질문에 대한 답변이었다.

　위원 : 해고 사유에 '상사에 대한 명예훼손'이 있는데, 이게 사규나
단협에 있나요?

　L이사 : …….

　위원 : 없는 규정을 해고 사유에 넣었나요?

　L이사 : …(뒤적뒤적)

　회사측 노무사 : H에 대한 명예훼손은 회사에 대한 명예훼손입니다.

　이 말에, 공익위원들이 민감하게 반응했다.

　위원 : 뭐라고요?

　회사측 변호사 : 아니 저….

　위원 : 상법상 개인과 법인이 분리돼 있고 방송법상 소유경영이 분
리돼 있지 않나요?

　징계위원회의 절차적 하자에 대한 질문도 나왔다.

　위원 : 윤종화 기자에게 직장 내 괴롭힘을 당했다는 A모기자는 윤
기자의 상사이죠?

　L이사 : 예.

　위원 : 직장 내 괴롭힘은 보통 직장 내 우위를 이용하는데, 윤 기자
가 우위에 있는 게 뭐죠?

　L이사 : ….

위원 : 더구나 A기자가 징계위원이네요. 직장 내 괴롭힘당했다는 피해자가 징계위원으로 판결을 내린 게 공정한가요?

L이사 : ….

징계위원 중에는 등기이사도 있는데 이게 정당하냐는 질문도 나왔다. 이번에도 회사측은 제대로 답변하지 못했다.

두 시간이 지날 무렵 증인 출석이 시작됐다. 시간이 너무 많이 지났기에 공익위원들 표정은 이미 진술서까지 제출한 증인들의 증언을 굳이 들을 필요까지 있는지, 하는 분위기였다. 들어보나 마나 'H가 문제성 발언을 하지 않았다'라는 뉘앙스의 진술 아니겠냐는 투였다. 그런데 놀라운 반전이 일어났다.

두 번째 증인으로 나온 직원 B씨의 증언, 누구도 예상치 못한 말이 나왔다.

위원 : 증인은 그날 어떤 말을 들었나요? 기억나시는 대로….

B씨 : 그냥, '우매한 국민' 속여서 경제 악화시킨다는….

위원 : (멈칫) 다시 한번 말해주시겠습니까?

B씨 : '우매한 국민' 속여서 경제 망친다는….

회사가 내세운 증인의 입에서 진실의 일단이 나온 것이다. 그날 H가 '우매한 국민'이라고 말했다는 증언이었다. 그는 철저히 자신은 '우매한 국민'이라고 한 적 없다고 해왔다. 앞서 증언한 A씨 역시 "H

님은 '우리 국민이 그렇게 우매한 줄 아는가'라고 말씀하셨다."라고 했다. 그러나 바로 뒤에 나온 B씨가 의도치 않게 뒤집어 버린 것이다.

"우매한 국민 속여서 경제 악화시킨다고 말씀하셨어요."

당황한 건 사측 변호인과 노무사였다.
회사측 변호사는 즉시 손을 들고 다급히 말했다.
"시간도 많이 지났고, 다음에 나올 증인은 그냥 진술서로 대체하겠습니다."
그러나 공익위원들은 받아들이지 않았다.
"다음 증인 출석하세요."
다음 증인 K씨가 나왔다. 해고자측 변호사가 물었다.

변호사 : 증인께선 진술서에 '옆 직원과 이야기하며 한쪽 귀로 스쳐 들어서 자세히 듣지 못한다'라고 썼는데 맞습니까?
K씨 : 맞습니다.
변호사 : 실제로 자세히 듣지 못했죠?
K씨 : 예.

그러자 공익위원이 곧바로 질문합니다.

위원 : 잘 모르면서 왜 진술서를 씁니까?
K씨: 그냥 답답해서….

위원 : 누가 쓰라고 했나요?

K씨 : ….

위원 : 써서 누구에게 냈습니까?

K씨 : 저기 계시는 L국장님(이사)께….

다시 회사측 인사들의 표정이 굳어졌다. 증인심문이 끝났다.

이제 최후진술. 노광준은 담담하게 입을 열었다.

"앞서 '녹취록도 없으면서 제보를 한게 죄'라는 근로자 위원님의 말씀이 아프게 다가옵니다. 예. 녹취록도 없이 제보해서 이렇게 됐습니다. 보고 계신 것처럼 저희가 제보한 것은 경영권을 노린 것도 아닙니다. 분풀이할 나이도 지났습니다. 아이가 둘입니다. 가족은 반대했습니다. 당신이 간부인데 설령 제보에 성공한다 해도 평생 배신자 소리들으며 살 거라며 말렸습니다. 그렇게 고민하다가, 제가 편성책임자라는 걸 깨달았습니다. 제가 편성책임자였습니다. 편성책임자의 첫째 책무는 편성의 독립을 지키는 것입니다. 저는 제 직에 충실하기 위해 제보했습니다."

이어서 윤종화 전 기자가 진술했다.

윤 : 언론의 공공성이 우선입니다. 저는 기자입니다.(흐느낌)

그는 말을 잇지 못했다. 잠시 정적이 흘렀다.

경기방송측 L이사가 정적을 깨고 말했다.

L이사 : 지금 보이는 저 모습이 저분들의 본모습이 아닙니다. 우리 직원들은 다 압니다. 저분들은 노조하면서 직원 사찰하고 살생부 만들어 회사에 준 사람들입니다. 오늘 저분들 모습에 더는 할 말이 없습니다.

그렇게 3시간여의 심문 회의가 끝났다. 이제 결과를 기다릴 시간이었다. 노동위원회는 신속한 판단을 위해 심문 회의 후 그날로 결과를 통보한다.

해고자들은 지친 몸을 이끌고 집으로 향했다.

가족들과 저녁 식사를 하던 중 문자로 결과가 통보됐다.

"[경기지노위] 금일 심문 회의 개최한 주식회사 경기방송 부당해고 구제신청 사건의 판정결과는 "인정"임을 알려드립니다."

부당해고임을 인정받은 것이다.

제보는 허위가 아니며 징계절차에도 명백한 하자가 있었다는 등의 사유였다.

3월 9일 밤 8시였다.

위기는 기회다

3월 16일, 주주총회가 열렸다. 지상파 사업권을 반납하고 폐업하기로 했다. 이사회의 폐업 결정을 수용한 것이다.

'경기방송의 총 주식 수 51만 9900주 가운데 43만 2150주(83.12%)가 참석, 이 중 43만 2050(99.97%)주가 폐업 찬성.'[227]

직후 많은 언론이 이 사실을 타전했다. 한국 방송 역사상 초유의 일이었기 때문이다. 초기부터 사안을 주시해온 경기민언련도 즉시 성명을 발표했다. 간단명료했다.

갑자기 일자리를 잃은 현업인들과 부당해고 판결을 받았음에도 돌아갈곳이 없어진 공익제보자에게 위로와 연대의 입장을 밝힌다.

1. 방송사업자에게 주어졌던 혜택, 특혜는 즉각 중단, 환수되어야 한다.

---

227 이윤희, 'KFM 경기방송, 주총서 '폐업 결정'' (뉴스1, 2020.3.16)

위기는 기회다.

　2. 이제 우리는 방송 현업인, 지역 언론학자, 시민단체 등이 함께 모여 사익을 위한 방송이 아닌 경기도민의 알 권리와 행복추구권을 보장하고 소유와 경영이 분리돼 방송의 공공성이 보장되는 새로운 공익적 라디오 방송을 위한 논의를 시작할 것을 제안한다.[228]

　3월 30일 자정. 전파가 끊겼다. 정파됐다. 523년간 매일 24시간 중단된 적 없는 전파였지만, 다음날 0시를 넘기며 99.9 Mhz에서는 더는 뉴스도, 교통정보도, 음악도, DJ의 목소리도 나오지 않았다.
　정파되기 직전 마지막 방송멘트는 이랬다.

　"KFM 경기방송이 자정을 알려드립니다."

　현장에는 20여 명의 경기방송 직원들과 프리랜서 방송인들이 한데 모여 있었다. 침묵 속에 흐느낌이 들려왔다. 회사 벽면에는 희망퇴직 신청용지와 정리해고 통보문서가 붙어있었다.[229]
　부당해고 판정을 받았지만 돌아갈 곳이 없어진 노광준은 차에서 라디오를 끄고 mp3 음악을 켰다. 복직해 다시 방송현장에 돌아가면 제일 먼저 선곡하려고 했던, 이소라와 BTS sugar의 '신청곡'이란 노래였다.

228　경기민주언론시민연합, '경기방송 주주총회의 방송 폐업 결정에 대한 경기민언련 입장' (경기민언련 누리집, 2020.3.16)
229　경기방송의 당시 피디협회장이던 최미근 피디가 당시 상황에 대해 PD저널에 기고한 글 '경기방송 마지막 날의 기록' (PD저널, 2020.3.30)을 참조했고, 폐업 이후 경기방송 노동조합원들이 운영하는 유튜브 채널 [새로운 999 채널]을 통해 게시된 동영상 '경기방송 마지막, 새로운 99.9 시작의 날' (2020.4.1)을 참고했다. 동영상 url : https://youtu.be/aucbrO6sb7s

방송용지로 부동산업을

2020년 4월 3일, 수원시는 방송권을 반납한 경기방송에 대해 특단의 조치를 취했다. 방송국 부지에 상업 시설 입주도 가능하도록 완화해줬던 그간의 조치를 되돌려 오직 방송통신시설만 입주할 수 있도록 바로잡은 것이다.

"경기 수원시 영통구 영통동 961-17 경기방송 부지의 허용 용도를 방송통신시설 용지로 변경한다."[230]

이야기는 17년 전으로 거슬러 올라간다.

2003년에 준공된 경기방송의 영통 사옥은 영통지구 단위 계획상 '방송통신시설' 용지였다. 방송국 부지에 방송 통신과 관련된 용도 이외의 카페나 사무실 임대는 불가능했다. 이후 경기방송 경영진은 수원시 측에 방송국 경영의 어려움을 지속해서 호소하며 공익적 방송

---
230   최대호, '수원시, 경기방송 부지 '방송통신시설 용지'로 환원' (뉴스1, 2020.4.3)

업무를 잘하려면 수익이 다각화되어야 하고 따라서 방송국 일부 부지에 상업 시설 입주가 가능하도록 허용해달라는 요구를 했고, 결국 2013년에 수원시는 경기방송 부지를 제1,2종 근린생활, 업무, 판매, 운동 시설 용도로 완화해줬다. 지역 공중파 방송의 지속적 운영을 돕기 위한 결정이었다. 그 결과 5층짜리 본관 건물에 사무실이 입주했고 2015년에 새로 준공된 6층짜리 신관 건물에는 카페, 학원, 사무실이 입주해 임대수익을 창출할 수 있었다. 이런 규제 완화의 전제는 모두 방송을 지속한다는 것이었다.

그러나 2020년 3월 경기방송 경영진이 방송권을 스스로 반납하자 수원시는 더는 용도변경의 의미가 없다는 판단을 하고 2013년의 결정을 되돌린 것이다.

"방송통신시설의 효율적 운영을 위해 허용 용도를 완화했지만, 폐업에 따라 방송 영업을 하지 않는다면 용도 완화 취지에 맞지 않아 다시 원래 용도로 환원하는 것이다."[231]

수원시 결정에 대해 수원지역 시민단체인 수원경실련은 환영논평을 냈다. 해당 부지는 주변 시세에 비춰보면 평당 가격이 약 2천만 원이 넘는다며, 경기방송이 폐업을 선언하면서도 '임대업'만큼은 남겨둔 이유가 바로 해당 부지를 이용해 엄청난 돈을 벌 수 있기 때문이라는 것이다.

"방송이라는 공익을 앞세워 저렴하게 부지를 매입하고 용도 완화 혜택을 받은 뒤 갑작스럽게 방송을 접으면서 해당부지에서 임대업만

---

231   최대호, '수원시, 경기방송 부지 '방송통신시설 용지'로 환원' (뉴스1, 2020.4.3)

큼은 계속하겠다는 게 납득 가능한 일인가?"[232]

경기방송 노동조합도 환영의 뜻을 밝혔다. 방송을 포기하고 부동산 임대업 등으로 먹튀하려는 경영진의 의도를 차단하는 철퇴였다고 평했다.

"방송이란 지위를 이용해 방송사 부지를 상업 용지로 용도변경을 해 놨으니, 임대사업만 해도 돈벌이가 괜찮아지겠다는 심산이었을 것이다. 수원시의 용도변경 결정은 이런 '먹튀' 방송사업자에게 '철퇴' 그 자체가 될 것이다."[233]

경기방송 경영진은 수원시 결정에 강하게 반발했다. 방송 용도로만 쓰도록 하는 시의 결정 이후 부동산 가격이 크게 하락하는 등 피해를 보았다며 소송을 제기했다.[234]

수원시는 이 사안을 수원시내 지구단위계획 등을 심의하는 법적 기구인 '수원시 공동위원회'로 넘겼고, 사안을 심의한 공동위원회는 4월 22일 경기방송 부지를 방송통신시설 용지로 환원하는 변경안을 통과시켰다.[235] 시는 4월 말 지구단위계획 결정 고시를 낸 뒤 경기방송이 제기한 행정소송에 대응하고 있다.

232 김경호, '수원경실련, 경기방송 부지 용도 환원 '환영' (뉴시스, 2020.4.8)
233 채태병, '전국언론노조 경기방송지부 "수원시의 경기방송 부지 용도변경 결정 환영"(경기일보, 2020.4.3)
234 조유송, '경기방송, 부지용도 변경 놓고 수원시와 법정 공방' (경인방송 누리집, 2020.6.3)
235 김경호, '수원시공동위, 경기방송 부지 근린상업시설→방송통신시설로 환원' (뉴시스, 2020.4.22)

새로운 공공라디오

4월 6일 오후 2시 경기도의회 브리핑룸, 경기지역 시민단체와 노동조합 등 6개 단체가 모여 기자회견을 열었다. 정파된 99.9 주파수를 경기지역 공공라디오로 만들기 위한 공론화 기구를 만들자고 제안한 것이다.

"지역성, 공공성, 노동 존중을 핵심 가치로 하는 새 라디오 방송사를 설립할 것을 제안한다."[236]

자연스럽게 새 사업자 공모에 눈길이 쏠리고 있었다. 방송법상 사업자가 스스로 전파사용권을 반납했기에 이제 FM 99.9 Mhz의 새로운 사업자를 찾기 위한 공모작업이 진행되어야 하고 공모 및 선정의 주체는 방송통신위원회였다.

방통위의 공모절차에 관심을 보이는 사업 주체들이 꽤 여럿 있다는

---

236 손가영, '경기방송 폐업에 팔 걷어붙인 시민사회 "공공 라디오 만들자" (미디어오늘, 2020.4.6)

소문이 돌고 있었다. 경기방송 폐업의 이유가 경영적자가 아닌 만큼 경기지역 새로운 채널의 공모절차에 적지 않은 방송사업자 또는 신규 사업 주체들이 관심을 두고 있었다. 그런데, 공공라디오를 강도 높게 주창하는 시민사회 진영에서는 방통위 공모절차를 늦춰야 한다는 주장이 나왔다.

"방통위와 과학기술정보통신부는 사업자 선정 행정절차를 늦춰야 합니다."[237]

4월 22일 오후 3시 수원의 디지털엠파이어 빌딩 세미나실에서는 '경기지역 새 방송 새로운 99.9 추진위원회'가 주최하는 '경기지역 방송 어떻게 만들 것인가?' 토론회가 열렸다. 70~80명의 참석자와 10여 개 언론사가 취재하는 등 높은 관심 속에 진행된 이날 토론회에 토론자로 참석한 원용진 서강대 교수는 최근 방통위에 사업자 공모를 내려는 민간사업자들의 움직임이 광범위하게 감지된다며 JTBC, 연합뉴스, YTN 등을 언급한 뒤 민간참여 과열 조짐에 우려를 표시했다.

"이들이 왜 관심을 가질까요? 답은 방송 광고 결합 판매 등과 같은 새로운 이익 창출 방식 때문입니다."[238]

민간사업자들의 문어발식 경영으로부터 지역성과 공공성을 지켜내려면 소유 구조도 공적으로 만들어야 함을 강조한 원용진 교수는 공공모델을 준비하려면 시간이 필요하다며 방통위의 새 사업자 공모가 늦춰져야 한다고 주장했다.

"방통위와 과학기술정보통신부는 사업자 선정 행정절차를 늦춰야 합니다. 서두르면 추진위가 역할을 할 일이 없습니다. 언론노조가 나

---

237 필자는 2020.4.22. 15시 수원 디지털엠파이어 빌딩 세미나실에서 개최된 'Reset, 경기지역 방송 어떻게 만들 것인가' 토론회에 참석해 모든 발언 내용을 기록했고 이를 본문내용에 반영했다.
238 손가영, '경기방송 민간사업자 공모 움직임에 "공적소유 방송 만들어야" (미디어오늘, 2020.4.22)

서서 이를 관철해 주십시오."

원 교수는 현장에 동석해 있던 경기방송 직원들(노동조합소속)에게도 긴 호흡으로 함께 할 것을 주문했다. 일각에서는 경기방송 직원들은 민간이든 공영이든 간에 빨리 고용 승계될 수 있는 쪽으로 가려 한다는 말이 나오고 있는데 그런 입장이라면 빨리 추진위원회에서 빠져 달라고 일침을 놓으며 공공라디오 설립을 위한 하나가 된 움직임을 강조했다.

"경기방송이 TBS 사례처럼 도민의 방송이 되길 희망합니다."

토론자로 참석한 한범승 부천시민미디어센터장은 지난 10년간 경기도에서 미디어센터를 운영하면서도 한 번도 경기방송 제작진과 함께 청취자 참여 프로그램 대화를 나눈 적이 없다며 서울의 TBS처럼 시민들에게 방송과 플랫폼을 개방하고 지원하는 방안을 제안했다.

"경기도 31개 시군의 소소한 이야기를 다 담아낼 수 있는 공공 방송사가 되면 좋겠습니다."

류명화 경기시민연구소 '울림' 소장은 공공라디오를 만들려면 몇몇 단체뿐 아니라 수많은 시민이 참여하는 소통이 중요하다며 새 방송사의 로고나 이름을 공모하는 등 열린 자세가 필요하다고 강조했다.

"시민과 함께하는 저널리즘을 기대합니다."

이날 발제를 맡은 황호환 TBS '우리동네라디오' 시민PD는 새로운 경기방송의 역할로 시민과 함께하는 저널리즘, 지역공동체 플랫폼 역할의 방송사, 지역 시사프로그램 강화 등을 제안했다. 방송의 독립성 확보를 위해 노동이사제 도입과 투명한 이사추천 및 선임 절차를 제안하기도 했다.

복직 후 정리해고

2020년 4월 29일, 노광준은 새벽 5시에 눈을 떴다. 그리고는 며칠 전 받은 복직명령서를 한 번 더 훑어봤다.

'복직 명령의 건, 귀하들이 제기한 경기지방노동위원회의 부당징계해고 구제신청 판정 결과(경기 2020부해 24)에 따라 아래와 같이 복직 명령을 내리고자 하오니, 해당 복직일에 회사로 복귀하시기 바랍니다. 해고일 2019년 11월 4일, 해고 기간 177일, 복직일 2020년 4월 29일 오전 9시.'[239]

4월 29일 오전 9시. 그날은 177일 만의 복직일이었다. 일찌감치 옷을 갖춰 입고 출근한 노광준은 7시 35분에 회사 주차장에 도착했다. 주차를 안내하는 경비팀장께 웃으며 인사드렸다. 그동안 잘 지내셨느냐고.

---

239 복직을 명하는 통보서는 '주식회사 경기방송 대표이사 L'의 명의로 2020.4.20. 오후 내용증명 형태로 통보되었으며 문서번호는 '경기방 2020-078', 시행일자는 '2020.4.20.' 수신은 '노광준, 윤종화'로 명시되었다.

"고생 많으셨는데."

경비팀장님은 말끝을 흐렸다. 무슨 의미인지 알지만 차마 내색하지 못했다. 177일 만의 복직, 그리고 일주일 뒤 예정된 정리해고.

4층 사무실로 올라가니 고요했다. 아무 소리도 나지 않았다. 아침 뉴스로 시끌벅적하던 보도국 사무실도, 새벽방송팀이 있던 제작 책상도 텅텅 비어있었다. 5층 스튜디오로 올라가 보려다 멈췄다. 흉가처럼 불이 꺼져있었기 때문이다. 개국 후 22년 5개월 동안 24시간 쉼 없이 돌아가던 스튜디오였다.

화장실에 가니 아침 새 지저귀는 소리가 났다. 예전에는 들리지 않았던 새 소리였다. 경기방송의 화장실에서는 늘 생방송 라디오 소리가 끊이지 않았기 때문이다. 그러나 이제 라디오가 멈췄고 대신 새들의 지저귐이 들려오고 있었다. 아무도 없는 고요한 회장실이었다. 아무 소리도 들리지 않았다. 영화 사일런스가 떠올랐다.

오전 8시 35분, 윤종화 기자가 출근했다. 윤 기자 역시 오랜만에 돌아온 보도국 책상을 우두커니 들여다봤다. 사내에는 5월 7일 전직원 정리해고 전까지 남아 있는 연차를 모두 소진할 것을 권장하는 경영지원국 명의 공지사항이 붙어있었다.

"3월 30일 이후부터는 방송 관련 업무도 모두 사라질 예정입니다. 직원분들은 해고 예고 통지서의 해고 발생일인 5월 7일까지 남아 있는 연차를 개별 확인 후 모두 소진할 것을 권장 드립니다. 휴직도 받아들입니다."[240]

복직자들은 9시경 출근하는 동료들과 반갑게 인사를 나눴다. 고생

---

240   이후 경기방송 측은 필자에게 내용증명 형식으로 해고 통지서를 발송했다. 해고발생일은 2020년 5월 7일이었고, 해고사유로는 "방송사업 폐업에 따른 '경영상 이유에 의한 해고' (근로기준법 제24)"라고 명시되어 있었고, 명의는 주식회사 경기방송 대표이사 L이었다.

많았지, 하며 손을 내미는 이들 가운데에는 예전 징계위원회에서 회사측 징계위원으로서 이들의 해고에 찬성표를 던진 이도 있었다. 그러나 언제 그랬냐는 듯 악수를 나눴다. 미래를 위해 힘을 합쳐나가자는 약속도 했다. 후배들을 보면서는 차마 잘 지내느냐는 인사말이 나오지 않았다. 방송국 상황에 스트레스를 너무 받아 입이 돌아갔었다는 후배의 말을 듣고 할 말을 잃기도 했다. 대다수 직원은 예고된 시간을 앞두고 말없이 짐을 싸고 있었다.

복직 다음 날인 4월 30일, 집으로 한 통의 등기우편이 도착했다. 중앙노동위원회에서 온 알림 문서였다.

"주식회사 경기방송이 귀하를 상대로 제기한 재심신청 사건이 우리 위원회에 접수되었음을 알려드립니다."[241]

회사측은 부당해고임을 판시한 지방노동위원회 판결에 불복해 중앙노동위원회에 재심을 청구했던 것이다. 제보자들은 177일 만의 복직에 기뻐할 틈도 없이 또다시 송사준비에 매달려야 했다. 2개월여 뒤 정부세종청사에서 진행된 중앙노동위원회 심문 회의(6.26.14시)에 출석한 경기방송 H 등 경영진은 제보자들의 허위제보로 인해 광고수익 격감 등 경영악화를 겪다가 결국 폐업 결정에 이르게 됐다며 기존 주장을 되풀이했지만, 7월 3일 중앙노동위원회는 경기방송 측의 재심신청을 기각하는 '초심유지' 판정을 내렸다.

"이 사건 근로자들에 대한 징계 사유는 모두 인정되지 않고, 이 사

---

241 중앙노동위원회는 2020.4.30. '사건접수 알림 및 사건진행 안내'라는 제목의 등기우편물을 발송했다. 수신자는 노광준 외 1인으로 구제신청서 사본과 심판사건 진행안내문을 첨부했다.

건 근로자들이 허위사실을 언론에 제보한 것이라고 볼 수 없으므로 이로 인해 이 사건 회사의 명예훼손, 막대한 재산상 손실, 사내 질서 문란이 초래되었다고 보기 어렵고, 이 사건 사용자 또한 이를 입증할 만한 명확한 근거 자료를 제출한 바도 없다." [242]

아울러 수원지방검찰청도 명예훼손 및 업무방해로 형사 고발된 제보자들에 대해 증거가 불충분하다며 무혐의 처분을 내렸다.[243] 경기방송과 H 등이 고소한 지 3개월 만의 결론이었다.

"위 수사 사항을 종합하면 피의자들의 제보행위가 사적 이익 추구를 위한 것이라고 보기 어렵고, 방송의 편성과 제작 및 보도의 공정성과 독립성 확보를 위해 이루어진 것으로 판단된다."[244]

5월 6일 18시, 제보자들은 퇴근카드를 찍고 방송국을 나섰다. 벙커가 된 노조사무실에는 조합원들이 한데 모여 향후 일정을 보드에 써가며 논의하고 있었다.

그리고 5월 7일 아침, 다시 해고자의 일상으로 돌아왔다. 방송권 반납으로 인해 전직원이 정리해고된 날이다. 출근 대신 집 앞 산책로에 앉아 5월의 파란 하늘을 물끄러미 바라보던 노광준은 혼잣말을 했다. 나에게는 꿈이 있다고.

"저에게는 꿈이 있습니다. 99.9가 경기도민의 라디오로 거듭나는 그 날,

---

242 「중앙노동위원회 재심판정서」(중앙노동위원회, 사건: 중앙2020부해488 주식회사 경기방송 부당해고 구제 재심신청, 판정일: 2020.7.3, 통지일: 2020.7.30), 23쪽.
243 수원지방검찰청은 주식회사 경기방송이 노광준, 윤종화를 출판물에 의한 명예훼손, 업무방해로 고소(발)한 사건(사건번호 수원지방검찰청 2020형제19097호)에 대해 모두 혐의없음(증거불충분) 처분을 내렸다. 처분일은 2020년 6월16일이었고 처분검사의 이름은 김중 이었다.
244 「불기소이유통지」(수원지방검찰청, 사건번호: 수원지방검찰청 2020형제19097호, 처분일: 2020.6.16, 통지일:2020.6.18), 5쪽.

저는 개성공단 피디 특파원으로 지원서를 내겠습니다. 메가트렌드. 경기도민의 방송 앞에 향후 10년을 가로 짓는 메가트렌드는 크게 두 가지로 보입니다. 한반도 경제공동체, 그리고 지방분권.

지방분권은 매우 다양한 형태로 1300만 도민들의 생활 속에 파고들 것입니다. 대한민국 전체로 봐서 소중한 생활 정치 실험실이 경기도가 될 것입니다. 소소한 일상을 놓쳐서는 안 됩니다. 31개 시군의 자치분권 현황을 객관적으로 조망할 인적 네트워크를 차분하게 조직해가야 합니다.

그리고 한반도 경제공동체. 청년들 취업을 봐도 4차 혁명의 내일을 봐도, 인구절벽구조를 봐도, 우리의 희망은 한반도, 남북경제협력입니다. 코로나 위기라서 더 절실합니다. 남북경협, 그 중심에 경기도가 있습니다. 70년 이상 단절된 문화와 언어와 경제생활이 용광로처럼 쇳물이 되어 새로운 미래로의 기둥을 만드는 곳, 개성공단이 다시 열리는 날, 저는 새로운 99.9 방송국 성원으로 특파원 신청서를 쓰겠습니다. 꿈은 이루어집니다!"[245]

245 노광준, '비긴어게인 (3) 저에겐 꿈이 있습니다.' (노광준의 페이스북, 2020.5.8) 페이스북 페이지 url : https://m.facebook.com/story.php?story_fbid=2921241497944389&id=100001757011928

다
시,

새
로
운

라
디
오

'R@dio'의 미래

경기방송이 문 닫은 것은 돈이 없어서가 아니다. 철학과 장래성이 없었기 때문이다. 지금도 '라디오는 끝났다'라고 단언하던 방송사 핵심간부의 모습이 떠오른다. 방송사업자의 길을 포기하고 건물임대업자의 길을 선택한 것은 어찌 보면 예고된 것이었는지도 모른다.

그렇다면 새롭게 만들어질 경기지역 방송은 어떤 비전을 갖고 출발해야 하는가.

10여 년 전 독일의 라디오 피디들과 세미나를 한 적이 있다. 인구 400만 명이 안 되는 베를린에 십여 개의 라디오 방송이 있다고 했다. 그 많은 채널이 다 무얼 먹고 살까 궁금해서 물어봤다. 인터넷 시대에 라디오는 어떤 비전을 갖고 있느냐고, 그랬더니 그들의 첫마디가 이랬다.

"아무리 기술이 진보해도 하루는 24시간에 불과합니다."

어차피 사람은 하루에 8시간은 자고 8시간은 일하기에 뭔가를 하면서 들을 수 있는 라디오 매체의 경쟁력은 지속한다는 설명이었다.

그리고 10여 년이 흘렀다. 라디오는 여전하지만, 그에 비해 모바일 매체의 성장은 놀라울 정도다. 라디오의 대응은 어떨까, 전 세계 라디오 제작자들이 모이는 세계 라디오 포럼의 주제는 'R@dio'였다.[246]

라디오 고유의 정체성을 유지하되 스마트 폰에 라디오 매체의 콘텐츠를 담는 노력을 적극적으로 펴 진화 발전해야 한다는 명제였다. 2020년을 살아가는 라디오가 스마트 폰 속으로 쏙 들어간다면 어떤 모습일까? 크게 4가지 장면을 상상해본다.

경쟁력 있는 유튜브 콘텐츠

김어준의 뉴스공장에 출연한 내 모습을 TV로 봤다는 지인의 말을 듣고 깜짝 놀랐다. 콘텐츠만 좋으면 유튜브를 통해 TV 화면으로 구독하는 세상이다. 라디오와 TV의 경계를 나눌 의미가 없을 것이다. 출퇴근길 좋은 시사를 기획 운영할 수 있다면, 기술의 진보는 최소인력으로도 화면분할, 음성인식 카메라 움직임을 지원해 얼마든지 경쟁력 있는 유튜브 콘텐츠를 생산하게 할 것이다.

떠오르는 오디오 콘텐츠

미국과 유럽도 라디오 시장은 정체이지만, '오디오' 시장은 일취월장이다. 팟캐스트와 오디오 북이 성장을 이끈다. 국내에서도 낭독을 뛰어넘어 연기하는 오디오북 업체들이 속속 생겨나고 있다. 네이버의 '오디오클립' 도전은 시사하는 바가 크다.[247]

미국 드라마와 영국 드라마에 이어 '라드' (라디오 드라마)라는 장

246   Paula Cordeiro, 'Radio becoming r@dio: Convergence, interactivity and broadcasting trends in perspective' (Journal of Audience & Reception Studies, 2012.11), Volume9(2) pp492~510.
247   최원우, '유튜브 시대에도 '오디오'가 팔린다' (조선일보 조선닷컴, 2020.7.22)

르도 생길만 하다. 이미 우리에게는 '격동 50년'의 추억이 있다. 라디오 콘텐츠를 이제 단지 흘러가는 전파로 보지 말고 24시간 편성을 세밀하게 기획해간다면, 라디오와 오디오 콘텐츠는 돈 놓고 돈 먹기로 변해 새로운 실험이 갈수록 어려워지는 영상콘텐츠 시장의 상상력 부재를 보완하며 실험정신을 가진 작가들의 벙커가 될 것이다.

지속가능한 텍스트 콘텐츠

아는 분이 책을 내고 싶다기에 그럼 라디오 스튜디오로 와 보시라고 했다. 라디오 방송처럼 질문과 대답을 하기를 몇시간이고 하고, 그 녹음을 타이핑하면 그게 바로 책이 될 것이라고. 실제로 라디오는 아주 편한 매체다. 인간은 글보다 말을 먼저하니까. 이를 텍스트로 요약하면 모바일 뉴스가 되고, 더 자세히 쓰면 잡지나 책이 된다.

지역뉴스 농장의 개념으로 자체생산 뉴스 텍스트뿐 아니라 경기지역 보도자료, 타 매체 언론 보도, 발표자료, 의정활동, 청취자들의 실시간 문자 등의 방대한 텍스트 자료를 단순한 인터페이스로 제공하는 온라인 사이트는 또 다른 언론이 될 것이다.

지역밀착형 공연 콘텐츠

접근성이 좋은 방송사옥 1층에 라디오 스튜디오가 훤히 보이는 오픈스튜디오를 운영하며 매일 밤 이곳에서 역량 있는 가수들의 라이브가 생방송으로 펼쳐진다면, 월 1회는 반드시 지역상권 살리기 차원으로 출장 라이브가 이뤄지고 치맥을 즐기는 시민들과 함께한다면, 언택트 공연문화의 새로운 장을 열어갈 것이다.[248] 아파트에서 하면 발

---

248 미국의 뉴욕의 블룸버그 라디오는 월가 1층에 통유리로 투명하게 보이는 라디오 스튜디오를 꾸몄

코니 콘서트가 되고, 온라인으로 연결하면 랜선 콘서트가 된다 주인 공은 지역문화예술인과 시민이다.

소리바다 같은 온라인 음원사이트가 출범할 무렵 전통의 음반회사들은 음악산업 다 망한다며 반대만 하면서, 한편으로 음악의 저변이 급속히 확대되며 공연산업이 활성화되는 것을 놓쳤다.[249] 열어둔 창 하나가 닫히면 새로운 창이 열리는 법이다. 위기는 위험과 기회의 합성어, 경기도에서 R@dio의 미래를 준비한다.

는데 마치 우주선처럼 생긴 첨단장비 스튜디오 안에서 전문가들이 주식시황을 생방송하는 모습을 볼 수 있다. 시카고의 번화가 빌딩 1층에도 시카고 유력언론이 운영하는 라디오 스튜디오가 시민들의 눈길을 사로잡는다.

249   바라트 아난드, '콘텐츠의 미래' (리더스북, 2016.) 227~235쪽.

사회적 가치 경영

언론사도 기업이다. 그래서 혹자는 '기업의 본질은 이익추구 아니냐'라고 주창할 것이다. 백 년 전에는 맞는 말이었다. 그러나 2020년 현재 경영 리더들은 이런 생각을 하고 있다. 사회에 선한 영향력을 끼쳐야 지속해서 돈을 벌 수 있다고.

"고객 취향이 까다로워지면서 과거 경제학이 통하지 않는 시대가 왔습니다. 고객이 환경 파괴적인 기업 제품은 사지 않는다고 선언합니다. 우리는 분명히 가격이 싸면 잘 팔릴 거라고 배웠는데, 이젠 싸다고만 해선 팔리지 않습니다. 고객이 변한 겁니다."[250]

"2020년대는 함께 성장하지 않으면 생존할 수 없고, 행복을 나누지 않으면 신뢰받기 어렵습니다."[251]

---

250 최지희, '최태원 "살고싶음 공헌해라"… 新기업 트렌드 된 '사회가치경영' (조선일보, 2020.1.19)
251 박미리, '[신년사] 김정태 하나금융 회장 "함께 성장하는 행복한 금융 실천하자" (뉴스핌, 2019.12.31)

영국의 공영방송 BBC의 핵심 가치는 '신뢰'이다.[252] 뉴욕타임스는 '진실의 추구'를 핵심적인 가치로 내걸고 있다.[253]

그렇다면 새롭게 만들어질 경기도민의 방송은 어떤 가치를 추구해야 할까? 이런 방향은 어떨까?

"우리의 전파는 적정임금, 행복한 노동을 통해 만들어집니다.

우리의 보도는 경기지역 곳곳의 현장의 목소리를 최우선으로 전하고 우리의 선곡은 일터와 가정에서 땀 흘리는 사람을 위해 존재하며 우리의 프로그램은 재밌고 유익하며 우리는 방송을 넘어 삶의 경험과 정보가 공유되는 양질의 무료플랫폼을 지향합니다."

---

252 2020.10.현재 BBC 누리집에 명시된 BBC의 가치(BBC Values)는 아래와 같다.
Our values are : Trust is the foundation of the BBC. We're independent, impartial and honest.
253 2020.10.현재 뉴욕타임즈 누리집에 명시된 뉴욕타임즈의 소임(Mission)은 아래와 같다.
Our Mission : We seek the truth and help people understand the world. This mission is rooted in our belief that great journalism has the power to make each reader's life richer and more fulfilling, and all of society stronger and more just.

언론사주의 철학

지역일간지였던 워싱턴포스트의 사주 케서린 그레이엄은 '수익률을 어떻게 높일 거냐'는 이사들의 날 선 질문에 이렇게 답했다.

"우리 독자들은 수준이 높습니다. 당연히 기사 질이 높아야 합니다. 기사의 품질을 높이는 게 경영전략입니다. 기사의 품질은 수익률과도 비례하니까요."[254]

그녀가 기사질을 높이려고 데려와 독립성을 보장한 기자들은 그 유명한 워터게이트 탐사기사로 닉슨 행정부를 무너뜨렸고, 워싱턴포스트는 세계의 정론지로 우뚝 섰다.[255]

254 케서린 그레이엄의 생애를 다룬 실화 영화 '더 포스트' (2017)에서 그레이엄 역할의 메릴 스티립이 이사회를 상대로 했던 대사이다.

255 워터게이트 사건(영어: Watergate scandal)에 대해 위키백과에서는 1972년부터 1974년까지 2년 동안 미국에서 일어난 각종 일련의 사건들을 지칭하는, 미국 닉슨 행정부가 베트남전 반대 의사를 표명했던 민주당을 저지하려는 과정에서 일어난 불법 침입과 도청 사건과 이를 부정하고 은폐하려는 미국 행정부의 조직적 움직임 등 권력 남용으로 말미암은 정치 스캔들이었다고 설명한다. 이 사건이 워싱턴 포스트 보도를 통해 폭로되면서 닉슨은 1974년 8월 9일 대통령직을 사퇴하였다. 당시 워싱턴포스트의 폭로취재를 이끈 편집부장 벤 브레들리와 그의 보호 아래 특종기사를 쓴 로버트 우드워드, 칼 번스타인 기자 모두 케서린 그레이엄 사주 시절 활약했던 인물이다.

경기방송은 방송 사상 최초로 방송 사업권을 자진반납 후 전 직원을 정리해고했다. 건물임대업만 남기고.[256] 언론사주의 철학과 가치관이 언론사 운명을 가른 것이다. 같은 지역언론인데 누구는 세계의 정론으로, 누구는 임대업자로.

새로 만들어질 경기지역 FM 99.9의 언론사주는 어떤 철학을 갖고 있을까? 이제 언론사주도 국민 앞에 자기소개해야 한다. 자신이 어떤 철학과 가치관을 가졌고 어떤 길을 걸어왔는지 투명하게 공개해야 공무원과 정치인을 일상적으로 검증할 수 있다.

언론사주와 대표이사, 보도데스크, 편성책임자의 재산 및 전과기록이 최소한 고위공직자와 국회의원 정보공개수준으로 매년 업데이트되어 공개되는 곳, 여기에 언론사주가 철학과 가치관을 자신 있게 밝힐 수 있는 곳, 경기도민의 방송 99.9가 되었으면 좋겠다.

---

256 손가영, "'폐업' 경기방송, 직원 20여명 정리해고" (미디어오늘, 2020.5.8)

가짜뉴스를 검증하는 언론

인천국제공항(인국공) 정규직화 논란이 뜨거웠다. 비정규직 문제는 뜨거운 감자처럼 조심스럽지만, 꼭 풀어야 할 사회적 숙제이다. 갈등만 부추기는 언론은 이런 프로세스로 보도했다.

1. 인국공 정규직화 논란 뜨거움
2. 취준생 집단반발, 야당 총공세, 여당 묵묵
3. 인천공항 쪽은 반박자료를 냈네
4. 어떻든 논란은 일파만파 청와대로.

그러나 새로운 경기도민의 방송이라면 이런 보도 프로세스로 가야 하지 않을까.

1. 인국공 정규직화 논란 뜨거움
2. 팩트체크 해보니

- 아르바이트생들이 정규직 된 거 아님 (전문경력)

- 취준생 채용에 영향 미미 (분야 다름)

- 월급 팍 뛴 거 아님 (고용안정 복지향상)

3. 정치권 대응 모니터 해보니

- 가짜뉴스에 기반해 싸움하는 정당,

- 사실관계부터 파악하자는 정당,

- 잘했다 정규직화 더하라는 정당 있더라

4. 비정규직의 정규직화 사회적 과제는?

언론의 사명은 가짜뉴스의 '전파'가 아닌 '검증'에 있고, 갈등 보도의 목적은 갈등의 해결에 있다.

착한 뉴스 공동체

고 박원순 전 시장은 저서에서 '좋은 뉴스를 선별해 제공하는 미래 직업'이 의미 있을 것이라고 썼다. 아침부터 저녁까지 자극적이고 부정적인 뉴스를 실어나르는 주류미디어에 대한 반작용으로 '그래도 세상은 살만하다'라는 생각을 하게 하는 착한 뉴스에 대한 수요가 꾸준할 것이라는 예측이었다.[257]

느낀 바 있어서 경기도 내 착한 뉴스만 모아 들려주는 코너를 기획한 적이 있다. 하지만 쉽지 않았다. 착한 뉴스 찾기가 정말 어려웠기 때문이다. 이제 와서 생각해보면 사람들이 착하지 않아서가 아니라 착한 뉴스거리는 많은데 연합뉴스에 올라오지 않기 때문이다.

8년 전의 일이다. 그사이 작은 변화가 생겨났다. 마을미디어라고 불

257 박원순, '세상을 바꾸는 천개의 직업' (문학동네, 2011.10.7)

리는 자생적인 지역주민들의 참여가 활성화되고 있다. 어렵긴 하지만 공동체 라디오를 꿋꿋이 펼치는 분들도 있고 무엇보다 1인 미디어가 활성화되었다.

새 경기방송은 이러한 풀뿌리 미디어들과 연대해야 한다. 사람들이 많이 듣는 출퇴근 시간대에 풀뿌리 미디어들의 목소리와 콘텐츠를 전하는 프로그램을 편성해 마을미디어가 보다 활성화되는 '허브'를 해야 한다.

가장 먼저 할 수 있는 콘텐츠는 경기도 구석구석의 착한 뉴스를 전달하는 일이 될 것이다. 마을 미디어의 특성상 동네 사람끼리의 비판은 이사갈 생각할 때 아니면 쉽지 않은 일이고, 반면 착한 뉴스의 전파는 누구보다 구체적이고 빠를 수 있기 때문이다.

착한 뉴스로 연대하며 경기도 31개 시군 구석구석에 '우리 동네 방송국'이 세워질 수 있도록 힘을 보태며 '같이 사는' 그런 방송을 그려본다.

안전 정보의 시대

코로나 이후 특히 지역 차원의 생활 안전 정보제공이 중요해졌음을 느낀다. 편의점에서 컵라면을 먹던 중학생들의 대화를 엿듣고 깜짝 놀란 적이 있다.

A: 용인 확진 77번 어디 갔다 걸렸대
B: 그건 76번이고 77번은 어디 어디야.
건국 이래 이처럼 '동네 정보'가 주목받은 적이 있었을까.[258]

---

258 차현아, '[아주초대석] 박은정 LG헬로비전 미디어사업담당 "지역과 함께 숨쉬는 방송하겠다" (아주

코로나 시대 1면 탑은 지자체에서 넣어주는 문자정보였다. 그만큼 정보의 신뢰도와 근접성이 중요해졌다는 말이다.

지역방송이 가야할 길이다. 어떻게 하면 믿을 수 있는 우리 지역 안전 정보를 적시에 수시로 제공할 수 있는가.

라디오에는 57분 교통정보가 있다. 코로나 이전(폐업 전) 경기방송은 교통정보가 센 라디오였다. 이제는 27분 57분 수시로 안전생활 정보가 센 라디오로 거듭나야 한다. 교통사고 등 돌발교통정보와 화재, 코로나, 미세먼지, 폭염폭설 국지성 호우, 공사장사고, 어린이보호구역 사고 등 생활 전반으로 영역을 넓혀야 한다.

여기에 방대한 공공데이터를 분석해 간명한 인포그래픽으로 만드는 데이터저널리즘 능력을 장착해가면 우리 동네 화학 공장 지도, 어린이보호구역 사고 빈발지역 등 모바일 시대에 최적화된 지역 정보를 지속 제공할 수 있다. 예전에는 지역방송이 꿈도 못 꾸던 데이터 저널리즘은 한국형 뉴딜로 정부가 데이터 댐 구축에 판을 깔아주는 미래에 가능한 현실로 떠오를 것이다. 안전 정보의 궁극은 '지역'이다.

경제, 2020.7.8)

선곡의 중요성

미국의 대규모 농장 노동자들이 강력한 노조를 만들어 자체적인 라디오 방송을 기획할 때의 일화다.

참모들이 뉴스며 토론이며 교양 정보 프로그램이 가득한 편성표를 내밀자 노조위원장은 모두 반려시켰다. 화난 참모들이 도대체 왜 반려시키냐고 따지자 그 위원장은 이렇게 대답했다.

청취자의 입장에 서보자고. 종일 배고픔을 참으며 중노동에 시달리는 흑인과 이주민들, 그들이 심신을 달랠 수 있는 대중적인 음악들이 주르륵 나와야 하지 않을까?

그렇게 라디오를 친구삼아 들을 무렵 라디오가 전하는 속보나 협상 정보에 훨씬 더 많은 사람이 귀를 기울이지 않을까? 그의 말을 들은 참모들은 고개를 끄덕이며 지식인들의 교양강좌로 가득 찬 편성표를 음악 중심으로 바꾸고, 뉴스나 정보는 시의성 있는 긴급 편성으로 배치했다고 한다. 오래된 일화다.[259]

---

259 Pawlick, T.F.,'The Invisible Farm' (Journal of Communication, 1998) 32:6~27.

라디오는 일하는 사람들의 매체다. 백 마디 말보다 노래 한 곡에 울컥할 때가 있다. 말도 많고 정보와 뉴스가 홍수를 이루는 요즘 음악 선곡이 중요한 이유다.

법정 드라마

검사가 구형한다, 징역 4년 형에 처해주십시오.

방청석에서 한 남자가 외쳤다. 국민이 바보로 보이나?

남자는 법정 밖으로 끌려나갔다. 피고 측 변호인이 최후변론을 마친 뒤 눈시울을 적신다. 모두 무죄를 주장합니다.

끝으로 피고가 일어나 최후진술을 한다. 모든 잘못은 제게 몰아주십시오. 방청석을 가득 메운 시민들이 손수건을 들고 훌쩍거릴 만큼 감동적인 진술이었다.

두 달 뒤 판사는 핵심쟁점이던 특가법 사기에서 무죄를 선고했다. 황우석 박사의 줄기세포 법정 실제 상황이다.[260] 그러나 이런 이야기 들어본 적 없으실 것이다. 언론에 나오지 않으니까. 속기사는 알고 있다. 상황이 이렇다. 법정 공방 현장을 끝까지 지키며 취재하는 기자는 가물에 콩 나듯 드문데 법정기사는 넘쳐난다. 검찰발 기사, 또는 아주

---

260   노광준, '황우석 박사 법정 최후 진술 전문' (노광준의 다음블로그 '시골피디저널리즘', 2009.8.24)
블로그 url: http://blog.daum.net/pd-diary/17201822

일부분 묘사기사.

그날도, 기자석은 텅 비어있는데, 공판기사는 쏟아져 나왔다. 검찰의 징역 4년 구형 소식만 가득 담긴, 그래서 마치 징역형이 확정된 것처럼.

법조기자가 부족한 데다, 재판은 길고(최장4-5시간), 쟁점도 복잡해 사건 초기부터 맥락을 못 보면 핵심을 놓치기 일쑤다.

법정취재는 처음부터 끝까지 관찰하며 건지는 기다림의 미학이다. 이 시간을 투자하지 못하면 누군가의 메모나 요약에 의존할 수밖에 없다. 그래서 검찰 공화국이 되나 보다.

역설적으로, 시스템을 잘 짜들어가서 다수 국민의 관심 사안 법정 취재를 실감 나고 정확하게 전할 수 있는 언론이 생겨난다면, 그 언론에 지금 상황은 블루오션일 것이다. 수요는 늘고 공급은 부족한 상황이기에, 지금도 곳곳에서 각본 없는 법정 드라마가 펼쳐지고 있다.

새로운 경기도민의 방송에서, 살아있는 법정 드라마를 정규프로그램으로 편성할 날을 그려본다.

지역 정보 알리미

페이스북 친구 '유문종' 님은 참 부지런한 분이다.

매일 아침 '수원이야기'를 올리시는데 수원의 기후변화 대응 등 정책정보부터 일자리, 창업교육, 도서관 북토론회까지 하루에 7~8개 깨알정보를 올린다. 품이 많이 들어갈 듯하다. 관공서 홈페이지도 의외로 많고, 그냥 복사해 붙이기 뭐한 정보도 많아 하나하나 확인하고 줄이고 다듬는 게 일이다. 들이는 품에 비해 가성비 떨어지지 않나, 생각하며 읽던 중 정보 하나가 훅 들어왔다.

"어, 이거 해야 해!"

유튜브 관련 전문교육 선착순 20명, 평소 찾던 교육인데 돈 안 들고 서울 갈 일도 없고, 선착순이라 급한 마음에 곧바로 전화했더니 아직 자리 많다는 여성 공무원의 웃음소리.

참 고마웠다. 나처럼 정보가 필요한 이에게도, 빈자리를 걱정하는 관공서에도 서로 좋은 일이다. 이처럼 지역을 진심 사랑하는 시민들이 올리는 정보들이 수원 이야기가 되고 용인 이야기, 여주 이야기 등

31개 시군의 이야기로 모여 매일 업그레드 된다면, 경기도민의 방송 모바일 홈페이지는 존재 이유가 충분할 것이다.

"어머 이거 해야 해!"

청취자 한 분의 이야기가 떠오른다.

주부님들은 설거지하시며 싱크대 위 라디오를 켜놓고 일하는 경우가 많다. 그분도 그렇게 경기방송 음악방송을 듣고 계셨는데 갑자기 여성 창업교육 정보가 나왔단다. 경기도 여성능력개발센터, 전화번호 몇 번. 그분은 곧바로 물 묻은 손으로 볼펜을 찾아 전화번호를 적었고, 이후 양질의 무료교육과 창업지원을 받아 주부에서 여성 CEO로 자리 잡았다. 경기방송이 내 인생을 바꿨다며 들려주셨던 실화다.

앞으로 지방분권이 현실화하면 지금보다 더 깨알 정보들이 지자체마다 넘쳐날 것이다. 하지만 살면서 몇 번이나 시청 홈페이지 들어가 보는가. 지자체 깨알 정보들을 활용해 따박따박 혜택을 누리는 분들이 계셨지만, 부지런히 일만 하다 그런 정보가 있는 줄도 모르고 또는 접수 기간 지나서야 뒤늦게 알고 후회하는 사람도 함께 사는 디지털 세상이다.

일하는 사람들의 매체인 라디오는 지친 마음을 달래주는 좋은 음악들이 주르륵 흐르다가 톡톡, 놓치기 쉬운 우리 동네 깨알 정보들이 적시에 나와야 한다. 정보격차를 줄일 수 있다.

분량 문제? 세상 좋아지지 않았는가. '자세한 내용은 모바일에서'.

뉴욕타임스처럼

코로나 시국에 광고 뚝뚝 떨어져서 죽겠다는 비명이 가득하다. 전 세계 언론사의 공통적인 고민이다.

그러나 이 와중에 탄탄한 기반을 다지는 곳이 있다. 바로 뉴욕타임스이다. 월정액을 내고 온라인 콘텐츠를 이용하는 유료 디지털 구독자 숫자가 석 달 사이에 무려 58만7천여 명이나 늘었다. 종이신문 구독자는 100만 명이 안 되지만 디지털 구독자가 급증해 올해 4월 말 종이와 디지털을 합친 전체 구독자 수가 600만 명을 넘어섰다. 그 덕분에 광고매출 하락에도 불구하고 1분기 매출실적은 전년 대비 5,240만 달러가 늘었다.[261]

그 비결은 뭘까?

1. 나와 내 가족의 생명을 위협하는 코로나 19를 맞으면서 사람들은

---

261 최진순, '코로나19'속에서 디지털 구독자 증가한 〈뉴욕타임스〉의 비결은' (한국경제 한경닷컴, 2020.5.8)

가짜뉴스나 찌라시 대신 정확하고 깊이 있는 뉴욕타임스의 기사를 돈을 주고 사기 시작한 것이다. 뉴욕타임스가 처음 디지털 유료화를 도입했던 2011년, 56만 명의 구독자를 모을 때 18개월이 걸렸다. 이것도 놀라운 성과였는데(온라인 기사를 돈을 주고 보다니) 코로나 정국에서는 3개월 만에 59만여 명의 구독자가 생긴 것이다.

2. 그 전에 이미 뉴욕타임스는 비대면 '디지털' 생태계에 대한 확실한 준비가 되어있었다. 누구나 신문의 위기를 말할 때 뉴욕타임스는 디지털에 10년을 투자했다. 우리 뉴욕타임스야, 가 아니라 온라인 콘텐츠를 이용하려고 로그인하고 들어오는 독자들이 어떤 콘텐츠를 클릭하는지 독자들의 행동 데이터를 분석하고 그에 맞춰 기사 콘텐츠를 재구성했다. 타임스의 디지털을 제대로 이끌 사장 한 명 뽑는데 무려 8개월이라는 긴 선발 과정을 거쳐 미국인이 아닌 영국인인 BBC 사장 출신 마크 톰슨을 영입했다.[262]

참고로 영국 BBC는 높은 수신료 받는 공룡조직이라는 비난을 받으면서도 출범 초창기부터 상업언론과 다국적 방송사와 피나는 경쟁을 벌이며 이겨내고 디지털 생태계에서 뼈를 깎는 체질 개선을 해온, 창의적인 공영방송이다. 바로 그곳의 수장 마트 톰슨을 영입한 뉴욕타임스는 2012년부터 올해 초까지 무려 8년을 맡기며 중단없는 혁신을 이뤄왔다.

3. 눈여겨볼 것은 오디오 콘텐츠다. 뉴욕타임스는 '더 데일리'라는 팟캐스트를 운영한다. 주요 뉴스에 대한 기자, 전문가의 깊이 있는 해

262 이수진, [글로벌 Hot 피플] BBC사장서 NYT사장 된 마크 톰슨 (동아일보 동아닷컴, 2012.10.10)

설이나 취재 후기 등이 담긴 뉴스 팟캐스트가 사안별로 제공되고 새로운 독자층을 잡을 수 있는 '슬기로운 먹거리 생활' 등의 다양한 콘텐츠가 많게는 하루 300만 건의 다운로드 수를 기록하는 등 디지털 저변을 확대하는 데 일익을 담당했다는 평가이다.[263]

그저 남의 일이고 그림의 떡일까?

새로운 경기도민의 방송이 세워질 지금 이 시점 한국의 거의 모든 언론은 신뢰도 최악의 상황에 놓여있다. 디지털 생태계 전환도 느리다. 위기이자 기회이다. 언론사 브랜드 파워의 장벽과 플랫폼 장벽이 어느 때보다 낮아졌기 때문이다. 기사 잘 쓰고 디지털 문법에 따라 새로 세팅하면 승부수가 보인다. 핵심은 사람의 혁신에 있다. 나 어디 출신이야, 나 몇 년 차야, 가 아니라 자신의 전문성과 독자의 요구 사이 접점을 찾아 변화하는 디지털 디바이스 속에서 실험하고 탐구하고 도전하는, 그런 디지털 경기도민의 방송으로 시작해야 한다.

뉴욕타임스도 워싱턴포스트도 지역 언론으로 출발했다.

---

263 최진순, '코로나19'속에서 디지털 구독자 증가한 <뉴욕타임스>의 비결은' (한국경제 한경닷컴, 2020.5.8)